AF330508

Lk 24[11]

BOURBON ET L'ESCLAVAGE.

BOURBON

ET

L'ESCLAVAGE

PAR

M. ÉD. VIDAL.

Je raconte.

CHATEAUBRIAND.

PARIS,

CHEZ LOUIS HACHETTE,

ET LES PRINCIPAUX LIBRAIRES.

BORDEAUX,

CHEZ CH. LAWALLE, LIBRAIRE,

ALLÉES DE TOURNY, 10.

BOURBON

ET

L'ESCLAVAGE.

———————

C'est un grand et important problème, que la question coloniale!

Parmi les écrivains et les hommes politiques qui s'en sont occupés, il en est peu, ce nous semble, qui aient pu ou su réunir toutes les conditions nécessaires pour arriver à une solution rigoureuse et logique.

Les uns, et c'est le plus grand nombre, ont jugé sans connaître, se fiant aveuglément à de mensongers rapports, ou prenant pour des réalités les rêves de leur imagination.

Les autres, qui se sont fait une loi de voir les choses de près et de leurs propres yeux, ont apporté, sur le théâtre de leurs explorations, des préoccupations de parti et de secte, et n'ont ainsi considéré le monde colonial qu'au travers du prisme trompeur de leurs préjugés politiques ou religieux.

Puis, sont venus les colons et leurs représentants officiels, gens élevés et vieillis dans la jouissance et l'admiration de la servitude, lesquels, étroitement attachés et intéressés de leur personne au maintien de l'état actuel, ne voulant entendre parler du moindre changement et repoussant toute idée de réforme, ont, à dessein, répandu les ténèbres sur la question et achevé de l'obscurcir.

Il ne faut donc pas s'étonner que cette question coloniale, après tant de discussions et de rapports, après tant d'études et de tâtonnements, soit encore si mal entendue, si éloignée d'une conclusion satisfaisante.

C'est pourquoi nous avons pensé qu'un nouvel examen de ces matières, fait en dehors de tout esprit de parti, de toute préoccupation d'intérêt, de tout préjugé local, de toute influence religieuse ou philosophique, par un homme qu'un long séjour dans le pays et une part active, prise sur le terrain même, aux débats de la politique coloniale (1), ont mis en position de recueillir des observations exactes et complètes, pourrait avoir son utilité, au moment où la réalisation de tous les inconvénients que contenaient en germe les mesures dernièrement décrétées par les chambres, rend indispensable et urgente une nouvelle et dernière révision des lois qui régissent nos colonies (2).

D'ailleurs, nous ne sachions pas que l'on ait encore parlé de Bourbon, riche et belle colonie qui valait bien la peine que nos faiseurs de systèmes y portassent leurs pas, et qui, pour la métropole, est au moins d'une importance aussi grande que

---

(1) L'auteur a passé plusieurs années à Bourbon, et y a longtemps rédigé un des organes les plus accrédités de la presse locale. Malgré la censure, il a pu y émettre quelques-unes des idées développées ici.

(2) Le lecteur voudra bien se rappeler les troubles qui ont eu lieu aux Antilles vers la fin de l'année dernière, et les obstacles qu'a rencontrés partout la réunion des conseils coloniaux, depuis la promulgation de la loi de 1845.

ces Antilles sur lesquelles tous les regards semblent s'être concentrés.

Si donc aucun autre mérite n'est assuré à notre travail, il aura toujours celui de faire connaître à la France une colonie peu étudiée jusqu'à cette heure.

Qu'est-il besoin d'ajouter que nous tâcherons de conserver scrupuleusement dans ces pages ce respect pour la vérité qui peut seul donner quelque valeur à une œuvre sérieuse?

Nous serons en tous points impartial et sincère, disant librement notre opinion de toutes choses, et le bien et le mal; blâmant ce qui nous a paru blâmable, louant ce que nous avons cru digne d'éloge; en un mot, traduisant fidèlement l'impression raisonnée qu'ont produite sur nous chaque fait et chaque institution. Et si quelquefois nous nous trouvons forcé de heurter vivement certaines susceptibilités créoles, d'énoncer quelques vérités blessantes pour certaines classes, jamais pour les individus, notre excuse sera dans la rigueur du mandat que nous nous sommes imposé et dans l'utilité du but que nous poursuivons.

Mêlé, pendant plusieurs années, aux hommes et aux choses du monde colonial, nous avons gardé dans notre cœur une vive affection pour une terre qui fut comme notre seconde patrie, et si quelque chose devait nous mettre en défiance contre nos propres jugements, ce serait, sans aucun doute, cette affection elle-même, sentiment toujours un peu aveugle et où se mêle nécessairement quelque faiblesse.

Mais il faut avoir le courage d'être sévère avec ses amis et accomplir leur bien en dépit d'eux-mêmes. Lorsqu'un précipice est ouvert sous vos pas, ne point vous avertir, de peur de vous paraître importun ou de troubler votre repos, ce n'est pas vous servir, c'est vous laisser courir à votre perte.

Nous ne faisons ici ni un pamphlet ni une apologie, nous

constatons des faits et nous voulons en tirer une conséquence, voilà tout! Tant pis pour ceux que ces faits accusent et qui redoutent cette conséquence!

Notre plan sera simple : nous n'entendons faire ni longues dissertations métaphysiques pour prouver l'odieux de l'esclavage, ni déchirantes peintures pour émouvoir la sensibilité européenne sur le sort des malheureux noirs. Nous aurons garde également de recourir à de subtiles démonstrations physiologiques pour restituer au nègre sa place dans l'espèce humaine.

Car, il s'est rencontré en plein dix-neuxième siècle, des publicistes, des savants qui ont chanté la légitimité et les bienfaits de l'esclavage, et mis en doute les titres de la race noire au bénéfice de l'humanité!

Pour nous, nous ne nous sentons nul besoin de descendre aussi bas dans les entrailles de la question : que chacun garde ses convictions à cet égard, peu nous importe!

Il s'agit uniquement, pour nous qui croyons que la France est éminemment intéressée à conserver ses colonies, il s'agit de savoir si la servitude est indispensable à l'existence de celles-ci, et si son abolition doit en effet, ainsi que certains prophètes de malheur nous en menacent, entraîner la décadence et la ruine intrinsèque de ces belles possessions et leur perte définitive pour la métropole.

Or, disons de suite notre pensée : nous ne voyons, quant à nous, de salut et de prospérité pour le monde colonial que dans un prompt et complet affranchissement de la population esclave, et cet affranchissement peut s'opérer sans secousses violentes, sans désordre, sans préjudice pour aucun intérêt, en tout repos et en toute certitude de réussite, pour peu que l'on veuille suivre le cours naturel des choses, abandonner la voie des utopies pour entrer dans celle de la réalité.

Hâtons-nous donc d'exposer les faits sur lesquels cette opinion repose.

C'est un singulier monde que la société coloniale, telle qu'elle nous est apparue au premier aspect, telle que nous l'avons reconnue en l'observant de près et avec une attention réfléchie.

La même variété, les mêmes contrastes, les mêmes anomalies, qui vous frappent d'abord les yeux, lorsque pour la première fois vous êtes en présence de ces visages de toutes couleurs, de ces constructions moitié civilisées, moitié barbares, de ces habillements de toutes formes, où vous remarquez la quasi-nudité du sauvage à côté du luxe européen, tout cela existe également dans le fond des mœurs de la population, dans les institutions locales, dans les lois et le gouvernement du pays.

Étrange société, vraiment, où la liberté coudoie l'esclavage, où la licence donne la main au despotisme, où la cruauté du maître s'allie merveilleusement aux plus aimables qualités de l'homme du monde !

Vous êtes sur une terre française, le drapeau tricolore est déployé à la porte de tous les édifices ; vous devez, par conséquent, vous, citoyen français, vous croire en pays de liberté politique.

Il n'en est rien : il y a là un gouvernement plus puissant que le Roi, un conseil privé, formé des principaux fonctionnaires, plus omnipotent que le conseil des ministres ou le conseil d'état. On peut vous emprisonner, vous déporter par *mesure administrative,* sans vous en dire les motifs, sans vous interroger, sans vous permettre de présenter votre défense, sans tribunal qui applique une loi. Tel est l'arbitraire dont sont investis les officiers préposés par la métropole au gouvernement de la colonie ; et, comme la presse n'y est point

libre, comme la crainte de voir les journaux prêcher des
maximes d'indépendance qui pourraient réveiller l'esclave
de son assoupissement, a fait de la censure une nécessité ;
vous n'avez aucun moyen de réclamer ni de vous faire rendre raison, si vous êtes lésé, injustement frappé.

Autre anomalie :

L'organisation de nos tribunaux français est, à bon droit,
renommée : le nombre des juges garantit chez nous l'impar-
tialité et la justesse de leurs décisions. Là-bas, à Bourbon,
un seul homme, assisté quelquefois de deux auditeurs qui
n'ont pas voix délibérative et qui ne sont là que pour la forme, constitue à lui seul le tribunal civil et le tribunal de commerce! Un seul homme! Et il prononce souvent en dernier
ressort !

Quelle est d'ailleurs la législation coloniale? — Ne croyez
pas qu'il y règne cette unité, cette homogénéité, qui font de
nos codes des instruments faciles à manier pour des mains
exercées, et laissent pourtant matière aux interprétations des
avocats et aux variations de la jurisprudence.

Le régime législatif se compose, à Bourbon, des éléments
les plus divers, les plus hétérogènes, les plus contradictoi-
res. Anciennes et nouvelles ordonnances royales, décrets
conventionnels ou impériaux, lois métropolitaines, arrêtés
de tous les gouverneurs et de toutes les époques, code blanc,
code noir, tout cela forme le plus affreux et le plus obscur
pêle-mêle qui se puisse imaginer. Et c'est un seul homme qui
est chargé de débrouiller ce chaos !

Une dernière contradiction entre mille, et la plus choquante
de toutes :

Les créoles, qui déclarent l'esclavage un état si doux et
si fortuné pour le noir, sont fort amateurs de la liberté pour
eux-mêmes. Ils ont tant crié, tant crié, qu'il a bien fallu,

bon gré mal gré, leur octroyer une toute petite charte à leur usage (*loi du 24 avril* 1833), des priviléges de laquelle ils se montrent très-fiers et très-jaloux. Cela leur a valu un conseil colonial, institution hybride, supérieure en attributions à nos conseils généraux, mais inférieurs à notre chambre élective ; vous n'en entendez pas moins les sommités parlementaires du lieu vous dire, en parlant de leurs importantes personnes : *Nous autres députés !* Dans cette assemblée, ils font de l'opposition telle quelle au gouvernement local et discourent tout à leur aise contre les négrophiles et l'aveuglement de la métropole. Ils ont même été jusqu'à demander la liberté de la presse, pour eux, bien entendu, et au profit exclusif de leurs opinions. Tant il est vrai que les idées libérales ont naturellement de l'attrait pour les créoles ! Tant il est certain que l'avenir doit appartenir à la liberté sur cette terre classique de la servitude !

Les créoles poussent même si loin leur égoïste libéralisme, qu'il dégénère assez souvent en insubordination et en désordre anarchique. Il n'est pas rare de voir le maire de quelque commune rurale refuser de mettre à exécution les arrêtés du gouverneur, si surtout ces arrêtés ont la moindre couleur d'émancipation. Et de pareilles désobéissances envers l'autorité supérieure demeurent impunies ! Nous avions bien raison de dire qu'à Bourbon la licence coudoie le despotisme !

Faisons le dénombrement de la population coloniale : parlons d'abord des *blancs* et des mulâtres, car à tous seigneurs tout honneur.

Si, prenant le mot de *blanc* à la lettre, vous vous en rapportiez uniquement à la nuance de la peau, pour établir une classification des races, vous vous exposeriez à de graves méprises. Il faut être créole ou avoir longtemps habité les colonies, pour savoir quels sont les caractères distinctifs du *blanc,* et les qualités requises pour donner droit à un titre si élevé,

N'est pas *blanc* l'homme qui, libre de naissance ou par l'effet d'un affranchissement, n'a pu encore prendre rang dans la classe aristocratique du pays. Il n'est pas *blanc,* son teint fût-il tout semblable à celui des enfants du Caucase.

Ce ne sont point des *blancs,* ces adolescents agiles qui desservent votre table ou vous présentent la bride de votre cheval. Regardez-les aux pieds, ils n'ont pas de chaussures (1); ce sont des esclaves, ce sont des *noirs.*

Ce ne sont point des *blancs,* ces ouvriers, ces petits marchands que vous apercevez jour et nuit occupés dans leurs ateliers ou leurs boutiques.

Ce ne sont point des *blancs,* ces gros capitalistes, ces grands négociants, qui remuent tant d'affaires et tant de capitaux.

La preuve que ce ne sont pas des *blancs,* c'est qu'il n'y a pas encore un quart de siècle que les individus de cette catégorie ont été admis à la jouissance des droits civils, et il a fallu la révolution de juillet pour leur reconnaître la capacité politique.

Ce ne sont pas non plus des *blanches,* ces femmes aux formes élégantes et aux allures gracieuses, aux cheveux souples et ondés, qui étalent à vos regards les plus brillantes parures, les plus riches tissus. Non, malgré leur teint de lys et de roses, pour parler comme les poètes, elles ne sont point des *blanches;* elles ne le deviendront même jamais; car le déshonneur est écrit sur leur front! Anneau honteux de l'al-

____

(1) Il est défendu aux esclaves de l'un et de l'autre sexe de porter des chaussures.

liance des deux races, esclaves libérées ou filles d'affranchies, elles vivent dans l'espérance d'un meilleur sort pour leurs enfants, source féconde où se recrute, en partie, la classe des nouveaux libres.

Nous avons lu dans maints ouvrages qu'aux *Antilles*, les *mulâtres*, — car telle est la dénomination consacrée par l'usage, — adonnés à la paresse et à la débauche, joignant tous les vices du sauvage à la corruption de l'homme civilisé, forment, à quelques rares exceptions près, une population abjecte et indigne d'intérêt, absolument incapable de s'élever au-dessus de la fange où elle croupit.

Que cela soit vrai ou faux, qu'il y ait ou non exagération dans ce tableau, nous ne sommes pas en mesure de prononcer sur ce point, n'ayant jamais visité les lieux. Mais ce que nous savons parfaitement et ce que nous pouvons affirmer, c'est que les *libres* de Bourbon ne ressemblent en aucune façon, sous le rapport de l'activité et des mœurs, à leurs frères des Antilles. Cela tient, sans doute, — et c'est là un fait qu'il faut reconnaître à l'honneur des créoles de Bourbon, — cela tient à ce que le préjugé contre les hommes de couleur est moins absolu, moins rigoureux, dans cette dernière colonie.

Dès l'instant que vous accordez quelque considération à un homme, il faut bien qu'il se respecte quelque peu lui-même.

A Bourbon, si un mulâtre se conduit honorablement; si, à une véritable loyauté dans les affaires, il ajoute une grande régularité dans sa vie privée; s'il est laborieux, intelligent, industrieux, passablement instruit, et riche par dessus tout cela, il obtient tous les témoignages de l'estime publique; il devient, presque aussi facilement qu'un *blanc*, membre de la chambre de commerce, conseiller municipal, quelquefois même député au Conseil. En un mot, pour monter au sommet de l'échelle sociale, il ne lui reste plus à franchir qu'un degré, c'est-à-dire, qu'à être admis dans l'intimité des anciennes familles créoles, et il n'est pas inouï qu'il franchisse ce degré.

On compte dans le pays plus d'une famille, aujourd'hui en possession de tous les honneurs coloniaux, qui ont suivi cette marche ascendante.

Toutefois, la métamorphose ne s'opère pas du jour au lendemain ; ce phénomène n'a pas lieu après une émancipation récente. C'est toujours le travail de plusieurs générations, car il n'est rien comme le temps pour jeter un voile sur l'origine des familles et des dynasties.

D'ailleurs, tout préjugé de couleur à part, on conçoit fort bien que les *blancs* éprouvent quelque répugnance à faire immédiatement leur société d'individus qui, la veille, étaient leurs mercenaires. En cela, c'est la différence dans le ton et dans l'éducation qui motive l'éloignement. Que diraient nos fils de bourgeois parisiens, si on voulait les contraindre à prendre, pour compagnons de plaisirs, le valet de chambre de M. leur père ou leurs propres palefreniers ?

La classe intermédiaire est, sans contredit, la portion la plus vivace de la population bourbonnaise. Ces hommes, partis de rien, travaillent incessamment à amasser, à se grandir ; commerce, industrie, ingénieux métiers, emplois dans les sucreries, dans les comptoirs et les administrations de tous genres, navigation, pêche, tout leur réussit, et, dès qu'ils ont réalisé un premier gain, ils arrivent rapidement à une certaine aisance ; de là à une grande richesse il n'y a qu'un pas pour eux ; tant ils savent s'astreindre aux plus strictes prescriptions de l'économie, tant ils comprennent qu'à mesure que leur fortune s'accroît, leur considération s'affermit et s'augmente !

Il va sans dire qu'il y a bien parmi eux, comme dans toutes les classes possibles, un certain nombre de sujets vicieux, enfants perdus de la société coloniale.

Dans les campagnes, aux approches des grandes habitations, souvent le recéleur plante sa tente, appât irrésistible pour l'esclave, qui vient y échanger, contre des liqueurs fortes et quelques misérables salaisons, le sucre ou le café qu'il dérobe à son maître. Presque toujours ce recéleur est affranchi; mais ces exceptions ne prouvent rien contre la masse, laquelle est saine, en général, surtout dans les villes et les bourgs.

Toutefois, il est bon de remarquer que c'est de la classe des *libres* que sortent les seuls mendiants que l'on rencontre de loin en loin dans la colonie. Un accident, une maladie, la paresse, ont amené là ces hommes, isolés qu'ils étaient comme étant les premiers de leur race; tandis que l'esclave trouve toujours un abri et des soins chez son maître; tandis que le *blanc* a toujours une famille pour lui venir en aide, ou, à défaut de parents, la protection de ses pareils, trop fiers pour le laisser étaler sa dégradation aux yeux de ces noirs, dont la pitié leur semblerait une offense. C'est là ce qui explique comment la mendicité est, pour ainsi dire, inconnue aux colonies. Grand argument entre les mains des colons, qui demandent pourquoi l'on prétendrait changer contre une liberté pleine de misère, un état de choses si heureux qu'on n'y voit personne mourir de faim? Comme si tous les besoins de l'homme consistaient dans son appétit (1)! Comme si l'esclave, vêtu

____

(1) Aux Antilles, le noir pourvoit lui-même à sa nourriture et à son vêtement, moyennant la concession d'un jour par semaine. A Bourbon, le maître fournit à tous les besoins de l'esclave.

de haillons, assuré d'une maigre pitance, couché dans une misérable hutte, courbé sous le fouet, et soumis à tous les caprices de son possesseur, offrait le type par excellence de la félicité humaine!

On le voit, il n'y a pas loin dans notre île de la juste-position actuelle à une fusion complète, entre les *mulâtres* et les *blancs* proprement dits.

Ceux-ci se composent de trois sortes de personnes : de familles anciennement établies dans le pays, et dont quelques-unes datent de l'époque même de la fondation de la colonie; d'européens qui viennent s'y fixer, soit pour faire le commerce ou régir les habitations, soit pour exercer quelque profession libérale ou occuper des fonctions publiques; enfin, de ces individus, originairement de couleur, qui parviennent à s'élever par leurs propres mérites au-dessus du milieu obscur où les avait placés leur naissance.

On appelle les premiers *créoles*, nom heureux qui assure à celui qui peut le revendiquer la bienveillance et la protection générales. Car, il est vraiment admirable de quel esprit de fraternité tous ces hommes sont animés entre eux; ils se font comme un titre de noblesse de cette qualité de *créole*, et ne craignez pas qu'en parlant de quelqu'un des leurs ou en s'écrivant, ils oublient jamais de se gratifier du petit compliment de *cher compatriote*.

C'est entre créoles une espèce de solidarité morale, comme autrefois en France entre tous les membres de la noblesse féodale. Il est vrai qu'il existe je ne sais plus quelle vieille ordonnance de nos rois qui déclare gentilshommes tous ceux qui passaient alors aux colonies. Il y paraît bien, à la quantité de noms à particules que l'on rencontre à Bourbon.

Les créoles sont impétueux et mobiles, un peu vaniteux peut-être, mais francs et rieurs, et pleins d'intelligence naturelle. Ils apprennent vite et presque sans travail ; mais, en général, ils retiennent peu et difficilement. Aussi, le nombre des hommes capables d'études sérieuses est-il peu considérable parmi eux ; ou plutôt, ils dédaignent de tendre les facultés de leur esprit. Le soleil est si chaud à Bourbon! La vie s'y écoule si calme et si douce, sur un moelleux sopha, au souffle caressant de la brise, sous des berceaux d'orangers ! — Néanmoins, la colonie a produit plus d'un homme de mérite dans des genres qui supposent des connaissances approfondies et une forte conception ; nous pourrions en citer même quelques exemples vivants. Bourbon a fourni aussi quelques sujets à la politique ; elle a produit des écrivains de talent, des publicistes remarquables ; c'est un nid de poètes, c'est presque une terre d'orateurs (1) !

On a vanté l'hospitalité créole et l'on a eu raison : vous arrivez là-bas avec un bout de lettre, avec la moindre recommandation, directe ou indirecte ; on vous ouvre la porte, on vous donne une place dans la maison et au couvert de la famille. Cela dure tant que vous voulez, sans gêne pour vos hôtes, sans indiscrétion de votre part. — On vit trop largement aux colonies ; on y gagne trop facilement l'argent, et

(1) On sait que Parny est né à Bourbon.

M. Étienne Azéma, auteur de quelques jolies fables et d'une ode à Napoléon, plus substantielle peut-être que celles inspirées à MM. Victor Hugo et Lamartine par le même sujet ; M. Auguste Lacaussade, bien connu et bien apprécié dans le monde littéraire de Paris, continuent cette génération de poètes créoles.

Parmi les publicistes qui ont vu le jour dans la colonie, il faut citer M. Nicole de Lasserve, auteur de plusieurs pamphlets qui firent grand bruit sous la Restauration ; et M. Victor Houpiart, journaliste d'un sérieux et véritable talent.

— Le conseil colonial peut s'honorer d'orateurs, tels que M. U. Chassagne, Ch. Déry, H. Maingard, Pr. de Greslau.

on le dépense avec trop de libéralité ou plutôt avec trop d'imprévoyance, pour y regarder comme une charge la présence de quelques commensaux de plus sous le toit commun.

Cette existence est charmante; il y a là comme un souvenir de l'âge d'or, comme un reflet de la vie patriarcale. Mais, hélas! les cris du malheureux esclave qu'une main rude frappe dans quelque coin obscur de l'habitation, viennent bientôt troubler votre joie et vous rappeler à la triste réalité!

Cependant, il ne faut pas croire tout ce que l'on a raconté de la cruauté des Créoles; les maîtres barbares sont une exception et l'opinion publique en fait assez rigoureusement justice. Outre le frein que l'intérêt de la conservation pour une propriété aussi précieuse que l'esclave, impose naturellement à la brutalité des Colons, pourquoi s'imaginer que ceux-ci se fassent un jeu stupide d'une méchanceté inutile? Pourquoi les supposer moins sensibles, moins humains que le reste des hommes?

Il règne entre ces deux êtres que le préjugé social place à une si grande distance l'un de l'autre, il règne entre le *noir* et le *blanc* une familiarité touchante, comme entre des enfants qui sont nés et ont grandi ensemble. — Vous voyez le jeune fils du maître partager son repas avec ce *négrillon* dont la mère fut la nourrice de celui-là. Les dames créoles sont aussi, en général, d'une grande bonté pour leurs servantes; elles les soignent de leurs mains quand elles tombent malades, et s'associent en quelque sorte à leurs peines et à leurs plaisirs. Heureux symptômes de la possibilité d'une fusion radicale entre deux races que l'on n'a pas craint de déclarer antipathiques et à jamais hostiles!

Les Colons seraient évidemment les plus aimables des hommes, sans l'esclavage qui pervertit leur bon sens et gâte leur cœur, à certains égards. Gardez-vous, si vous tenez à rester en paix avec eux, si vous ne voulez point vous aliéner leur bienveillance, gardez-vous de trouver à redire à une institution dont ils se sont fait une religion politique, et qu'ils regardent comme le *palladium* de leur richesse et de leur existence! Ils vous démontreront de la meilleure foi du monde comme quoi l'esclavage est le dernier mot de la civilisation et l'état le plus heureux de l'humanité; ils vous soutiendront à outrance que, sans l'esclavage, les colonies ne sauraient subsister une heure, et que toute émancipation est absurde et pernicieuse! Et malheur à vous, si vous osez douter de leur évangile et énoncer quelque opinion contraire dans vos paroles ou dans vos écrits! On vous traitera de faux frère, on vous accusera d'être vendu à l'Angleterre et au comité négrophile; on se persuadera à la fin que vous êtes réellement un personnage dangereux, et l'on vous fera expier par mille tracasseries, par mille déboires, le tort de ne pas penser comme ces messieurs!

Telle est, dans ses traits les plus généraux, la physionomie de la population *blanche* indigène.

Parmi les Européens qui viennent s'établir dans la colonie, la plupart ne tardent pas à y contracter des liens de famille, et s'absorbent promptement ainsi dans la grande unité créole.

C'est même chose incroyable à quel point ces nouveaux débarqués épousent les idées et les préjugés du pays, en y prenant femme! Cela s'explique toutefois.

Ceux qui passent maintenant aux colonies pour y tenter fortune sont presque tous des hommes d'une naissance médiocre, ou issus de pauvres parents. A peine doués de quelque instruction, peu habitués chez eux au bien-être des classes élevées, étrangers le plus souvent aux habitudes de la bonne société, ils se sentent éblouis et tout honorés des avantages, nouveaux pour eux, que leur procure un mariage où ils ont tout à gagner. L'orgueil du parvenu leur monte à la tête et ils se vengent en arrogance et en despotisme de l'état d'infériorité où ils ont d'abord vécu.

Aussi demandez à l'esclave quel maître il préfère servir, d'un créole ou d'un européen : il vous répondra immanquablement que le premier est un bien meilleur maître, et il dira vrai. L'habitude du pouvoir en rend toujours l'usage moins sévère.

Ce sont encore ces mêmes européens créolisés qui, pour faire leur cour aux colons et leur payer la dette de la reconnaissance, défendent avec le plus d'opiniàtreté, dans les conseils coloniaux, le principe de l'esclavage, et s'insurgent contre tout projet de réforme, jurant par tous les dieux d'ensevelir la colonie sous ses propres ruines, plutôt que de souffrir qu'un seul article soit changé dans le code colonial.

Quelques-uns cependant, mais en fort petit nombre, hommes qui ont quitté en France une famille aisée, hommes instruits et bien élevés, échappent à la contagion générale et savent garder leur indépendance, au milieu des tentatives que l'on fait de toutes parts pour les fasciner et les entraîner malgré eux dans l'ornière commune. Mariés ou non, ils n'adoptent des idées coloniales que celles qui leur paraissent bonnes et sensées, et luttent même courageusement contre les préjugés locaux, dans l'espérance de porter quelque lumière au sein des ténèbres qui les environnent. Mais c'est là une audace qui leur coûte cher, nous l'avons dit déjà.

Quant aux magistrats, fonctionnaires publics et employés des administrations, parmi lesquels on compte presque autant de Créoles que d'Européens, ceux-ci sont par leur position même tenus dans les bornes d'une certaine modération. Toutefois, c'était une précaution sage, quoique peut-être un peu rigoureuse et blessante, que cette ordonnance de 1828,

laquelle, non–seulement excluait les indigènes de la magis-
trature coloniale, mais encore défendait aux membres de ce
corps de s'allier aux familles du pays. Mais cette défense est
tombée en désuétude aujourd'hui, et voilà précisément pourquoi l'exécution de toutes les mesures qui tendent à l'affranchissement des esclaves rencontre tant d'obstacle et de mauvais vouloir chez ceux mêmes qui sont chargés de mettre ces
mesures en vigueur.

Généralement, les Européens sont recherchés par les pères
de famille pour l'établissement de leurs filles et obtiennent la
préférence sur les jeunes gens du pays. La raison en est simple : ils ont sur ces derniers l'avantage d'une plus grande aptitude au travail, d'une activité plus vivace et plus durable.
D'ailleurs, ne faut-il pas renouveler le sang créole, qui s'en-
gourdirait à la fin sous ce ciel brûlant, si on ne le réveillait
pas?

Il n'est sorte de séductions innocentes auxquelles on n'ait
recours pour engager, bon gré malgré, les nouveaux arrivés
dans les liens du mariage. Pour peu que le sujet en vaille la
peine, pour peu qu'il ait quelque avenir ou une position déjà
à demi faite, on s'empresse, on le cajole, chacun s'emploie
à le décider, et la mère, et le père, et les frères et les amis,
et les parents jusqu'au dernier degré. Etes-vous avocat, no-
taire, médecin? Il vous faut une clientèle, et l'on vous en
montre une superbe en perspective dans l'entourage nombreux de votre future famille. Négociant, vous avez besoin
de vous asseoir dans le pays pour assurer votre crédit. Ma-
gistrat, vous ne pouvez obtenir la considération nécessaire,
tant que vous ne renoncerez à votre vie de garçon. Finale-
ment, on épouse, sans trop savoir ce que l'on fait, sans trop
se connaître, sans dot le plus souvent, comme Harpagon voulait marier sa fille. — Car la vie matérielle est chère à Bour-

bon, les besoins de tous les instants sont impérieux, le père ne peut, de son vivant, se dépouiller. — Et, à moins d'une mauvaise chance, si, de part ou d'autre, et quelquefois des deux côtés, il n'y a pas eu mécompte ou déception, vous passez vos jours assez paisiblement entre une bonne femme et de nombreux enfants.

Ces enfants seront considérés comme purs et véritables Créoles. — Dans l'ancienne monarchie, le roturier, investi d'un fief, n'était qu'à la troisième génération, *démené gentilhomme.*

Figurez-vous maintenant un luxe exorbitant, festins splendides, riches équipages et coûteux chevaux; une vraie frénésie de toilette chez les femmes; ajoutez-y la fièvre du jeu, des fêtes orientales, des bals étincelants, un amour excessif pour la danse et la musique; beaucoup de loisirs, même chez ceux dont la vie semble le plus occupée; et au fond de tout cela, chez les hommes, un relâchement de mœurs inouï, une corruption flagrante, qui, sans hypocrisie, s'accommode des pratiques extérieures de la religion, vous aurez le tableau complet de la haute société coloniale.

Descendons dans les couches inférieures; arrivons aux esclaves, portion si intéressante de la population des colonies.

La traite ayant cessé de fait depuis une vingtaine d'années, ceux des sujets importés d'Afrique qui subsistent encore sont des hommes d'un âge déjà mûr, si ce n'est fort avancé. Vous les rencontrez dans les campagnes, où ils cultivent les habitations et desservent les usines. Leur nombre va diminuant chaque jour avec une grande rapidité, pour faire place à une génération nouvelle, aux *noirs créoles,* les seuls qu'on emploie dans les villes comme ouvriers ou comme domestiques.

Ces derniers offrent un type bien différent de celui des nègres exotiques; tandis que ceux-ci, après une transplantation si ancienne déjà, laissent encore percer dans leurs habitudes, dans leurs goûts, dans leurs superstitions, quelques traces de leur origine sauvage, les esclaves nés dans la colonie n'ont du *noir* que la peau. Actifs, intelligents, avides d'apprendre, pleins de ressources et de finesse, ils s'éloignent de plus en plus de leur souche primitive et se rapprochent de jour en jour des *blancs,* dont ils copient les manières et le langage, et jusqu'au luxe lui-même, toutes proportions gardées, bien entendu.

Domestiques, cuisiniers, cochers, ils ne sont ni moins habiles, ni moins fidèles que nos mercenaires français. Presque tous savent lire; quelques-uns même écrivent assez correctement, et alors on en fait des commis, des garçons de recettes, des marchands ambulants, des boutiquiers.

S'ils ont un métier ou une industrie manuelle, s'ils sont bouchers ou boulangers, tailleurs, peintres, cordonniers, forgerons, le maître les loue aux chefs d'ateliers ou bien leur permet d'exercer pour leur compte, moyennant une redevance mensuelle.

Les noirs de cette dernière catégorie sont les plus heureux de tous : ils gagnent assez pour prendre part aux principales commodités de la vie civilisée, et, avec un peu d'économie, ils peuvent amasser en quelques années un pécule suffisant pour acheter leur liberté ou tout au moins celle de leurs enfants. Il y a de ces noirs dont le bénéfice ne va pas à moins de trois à quatre cents francs par mois, le maître payé. Ils ont leur domicile particulier, leur ménage assez confortable quelquefois ; ils subviennent par eux-mêmes à toutes leurs dépenses et à celles de toute leur famille. On voit ces esclaves privilégiés se fêter entre eux comme les blancs; et n'étaient les souliers, dont il faut bien qu'ils se passent, leur toilette serait irréprochable.

Certes, leur sort ferait envie à nombre de nos ouvriers français, et c'est là un fait dont les Créoles se targuent fort haut.

Quant aux jeunes négresses, selon leurs aptitudes et leurs talents divers, elles demeurent au logis comme femmes de chambres, blanchisseuses ou bonnes d'enfants ; sinon, elles vont engager leurs services au dehors, ou bien elles travaillent à leurs risques et périls, en indemnisant leurs propriétaires. Il y a parmi elles des tailleuses, des modistes qui ne seraient pas déplacées dans un atelier parisien.

La mise recherchée et souvent même fort riche de ces femmes aurait lieu de vous surprendre, si le commerce intime, patent ou clandestin, qu'elles entretiennent avec les *blancs*, n'en rendait facilement compte. Voulez-vous une ménagère qui tienne bien votre maison et vous soigne avec dévouement, en cas de maladie ? Louez cette jeune esclave que vous prendriez à son visage blanc et à sa tournure élégante pour une grisette de la chaussée d'Antin. Puis, quand elle vous aura fidèlement servi, pendant plusieurs années ; lorsque vous viendrez à vous marier ou à quitter la colonie, vous la rendrez bien heureuse en lui achetant, à beaux deniers, sa liberté. Peut-être, avant elle, aurez-vous affranchi ses enfants.

Pour résumer, il y a dans la population des noirs créoles un mouvement perpétuel vers la classe des mulâtres, avec laquelle ils sont tout près de se confondre.

Des hommes passons au sol : donnons quelques détails sur la constitution géographique de Bourbon, sur les ressources matérielles du pays.

Bourbon, île de forme oblongue, de deux cent vingt lieues de superficie, présente dans son centre des montages élevées qui s'arrêtent, dans la *partie du Vent,* par des pentes graduées, à quelque distance du rivage, laissant à leurs pieds une ceinture de terres planes, seul espace cultivé, à travers lequel débouchent d'assez nombreuses rivières, vrais torrents dans la saison des pluies, fossés arides en tout autre temps.

A plus de vingt lieues de distance, le navigateur qui arrive peut découvrir, par un ciel clair, les cimes des Salazes, couvertes de neiges éternelles et dont les flancs épanchent des eaux salutaires (1). Quelquefois, c'est le volcan du *Brûlé* qui brille à l'horizon, phare immense et majestueux !

A mesure que vous approchez, tandis que vous côtoyez le rivage, vous apercevez de nombreuses fabriques, semées au milieu des champs de cannes et des plantations de girofle et de café. Ce sont là ces habitations d'où sortent tant de denrées recherchées. Puis, de loin en loin, se montrent des amas de maisons, entrecoupées d'arbres verts, gros bourgs qui donnent leurs noms aux différents *quartiers* de l'île, Sainte-Rose, Saint–Benoît, Sainte-Suzanne, Sainte–Marie. Enfin vous voilà rendu en face de Saint–Denis, la ville par excellence, la capitale du pays, résidence du gouverneur et des principales autorités, siége d'un tribunal et d'une cour royale et du conseil colonial.

Saint–Denis est un grand espace couvert de constructions et de jardins, rangés dans un ordre parfait, sur des alignements rectilignes ; de sorte que, vue de haut, du sommet de la montagne à pic qui la borne à l'ouest, la ville a l'air d'un échiquier.

Sur la grève, une jetée peu avancée et recourbée en demi-

______

(1) Il y a dans le district de *Salazie* un établissement de bains minéraux fort renommé.

cercle, abri peu commode pour quelques légers caboteurs, pour quelques minces embarcations.

En pleine mer, à quelques cents mètres du rivage, de nombreux navires marchands et quelques frégates ou corvettes se balancent sur leurs ancres, aux caprices d'une mer agitée et d'un vent infatigable, toujours prêt à se changer en tempête.

Continuez à faire le tour de l'île; passez ce cap, horrible à voir, menace perpétuelle pour les hôtes de la rade; l'aspect du pays change, et s'attriste. D'affreux rochers bordent la mer, jusqu'à la plage de Saint-Paul, métropole de la *partie Sous-le-vent,* comme Lyon est la métropole de l'est de la France; vraie ville, ornée d'un tribunal qui fait sa joie.

De là, pour arriver à Saint-Pierre, autre localité assez importante, vous voyez défiler sous vos yeux des terrains plus ou moins accidentés, parfaitement cultivés du reste; et le même spectacle dure jusqu'à ce que vous ayez rejoint votre point de départ.

En contemplant cette longue ceinture de côtes, où pas un refuge n'est ouvert au vaisseau en détresse, vous éprouvez une impression pénible. Bourbon n'a point de port, moins heureuse en cela que sa voisine, que cette *Ile-de-France* qui s'appelle aujourd'hui *Maurice,* pour nous faire oublier que jadis nos flottes y trouvaient des bassins magnifiques pour se reposer et réparer leurs avaries, et s'élancer à de glorieux combats.

En vain l'industrie humaine a essayé de suppléer la nature : Bourbon n'aura jamais de port, la science l'a décidé ainsi. Qu'elle s'en console, en songeant à la richesse de son territoire, à cette exubérante végétation dont on n'a pu assez vanter les merveilles! Tout croît dans cette terre féconde, tous les arbres et tous les végétaux des cinq parties du monde! Et quel précieux produit pour cette colonie que ces cannes à sucre, dont elle sait tirer un si admirable profit, et qui forment comme des forêts, tant elles sont hautes et touffues!

Aussi Bourbon est-elle riche, fort riche, la plus riche, sans contredit, de toutes les îles que nous possédons. Qu'on en juge par ce fait : lorsque nous arrivâmes dans la colonie, en 1839, le sucre ne s'y vendait que 4 piastres à 4 piastres 1/2 (20 à 22 francs 50 centimes les 50 kilogrammes); à ce prix l'habitant faisait déjà un bénéfice net de 15 à 20 p. 0/0. Depuis, on a toujours vendu cette denrée 5 piastres au moins. 5 piastres 1/2, et elle en vaut aujourd'hui plus de 6.

Cependant, à entendre les colons, le sucre de betteraves leur fait une concurrence ruineuse, et ils ne cessent depuis dix ans d'en réclamer la suppression. Or, consultez les registres du conservateur des hypothèques, vous y verrez que dès longtemps toutes les dettes immobilières des habitants sont éteintes, et il en est même peu d'entre eux qui ne soient maintenant dans une véritable opulence.

Il faut dire aussi que si les habitants de Bourbon vendent cher leurs sucres, c'est qu'ils savent le fabriquer supérieurement. Nulle autre colonie française ne peut rivaliser avec celle-là pour la beauté et la qualité des produits; et il n'est pas, dans nos départements du Nord, d'usines mieux installées ni mieux dirigées que celles que l'on trouve dans certains quartiers de cette île.

Autrefois, Bourbon produisait assez de froment et de riz pour suffire, non-seulement à sa propre consommation, mais encore à celle de Maurice. Mais depuis que le sucre y est devenu un produit plus précieux que le pain, depuis qu'on a partout arraché le blé pour planter la canne, on est obligé de tirer du dehors toute la subsistance.

Madagascar était naguère encore le grenier d'abondance où Bourbon allait s'approvisionner, en grande partie. La maladresse des colons leur a fait fermer cet inépuisable marché, et la France ne paraît point disposée à se saigner aux quatre membres pour les y faire rentrer de vive force. Par bonheur, l'Inde regorge de riz, et le cap de Bonne-Espérance a de nombreux troupeaux; seulement, les distances étant plus longues, on paie la nourriture un peu plus cher qu'auparavant.

L'interruption des relations anciennement établies avec les peuples malgaches a aussi porté quelque atteinte au commerce de la colonie, en lui enlevant un de ses principaux aliments et en occasionnant pour l'Inde une exportation inusitée de numéraire. Mais les spéculateurs ne tarderont pas à porter leurs vues d'un autre côté et à réparer quelques pertes momentanées.

Du reste, le haut commerce est concentré là-bas dans un si petit nombre d'individus, et il a, — vu la position actuelle des choses, — si peu de racines dans le pays, que son ébranlement est absolument sans aucune conséquence pour la richesse générale de la colonie. Quand l'habitant fait bien ses affaires, la prospérité est toujours grande et réelle à Bourbon (1).

(1) Ceci mérite quelques explications.

Quand les sucres sont à vil prix et d'une défaite difficile, l'habitant, qui attend après la vente de ses produits pour payer ses frais de culture, est obligé d'emprunter aux négociants. Ceux-ci lui font les avances nécessaires et lui fournissent à crédit tous les objets dont il peut avoir besoin pour la nourriture et l'entretien de ses noirs et l'exploitation de son usine, riz, viandes salées, morues, articles d'habillements, mules, charrettes, outils, etc.; le tout moyennant gros intérêts et commissions énormes, qui ruinent l'emprunteur et procurent au prêteur des bénéfices considérables.

Quand, au contraire, comme en ce moment, les sucres sont à bon prix et recherchés, l'habitant vend directement sa récolte, contre des espèces ou des marchandises, aux navires qui ont à effectuer leur retour en Europe, et il se

Tous les objets manufacturés, tissus de toutes sortes et de tous les prix, indiennes, lainages, soieries et velours; les meubles, les outils, la poterie; tous les articles de toilette et de modes, chapeaux, souliers, savons, parfumeries, tout cela est fourni par la métropole, qui ne rencontre d'autre concurrence que celle de quelques cotonnades et cachemires de l'Inde et des foulards de la Chine. Elle a donc là pour son industrie un débouché assuré, équivalent à la consommation de dix départements. C'est elle encore qui y expédie des cargaisons d'huiles, de vins, de conserves alimentaires, etc.

Pour en finir avec la statistique, on compte à Bourbon 40,000 libres, blancs et mulâtres, et 70,000 esclaves, dont un tiers environ fixé dans les villes et les bourgs, comme domestiques et ouvriers; le surplus, disséminé dans les champs, sur les habitations et dans les sucreries. Saint-Denis renferme 10,000 blancs et 12,000 noirs (1).

passe du crédit des négociants, lesquels manquent ainsi un gain important. — Cependant il reste encore à ceux-ci beaucoup d'autres sources de profits, puisque c'est toujours par leur intermédiaire que s'alimente la consommation locale.

Ainsi, à Bourbon, la prospérité du commerce et celle des habitants sont, pour ainsi dire, en raison inverse l'une de l'autre.

Du reste, ce que l'on appelle *commerce*, car il ne faut pas comprendre sous ce nom les petits détaillants, se compose là de huit à dix maisons de consignation. — Qu'est-ce que cela en regard de la masse des planteurs et fabricants de sucre ?

Pour ce qui est du numéraire, s'il en est, dans ces derniers temps, sorti de la colonie une grande quantité, le vide sera bientôt comblé. Tous les jours, il en arrive de la métropole pour la solde des troupes et des employés du gouvernement. D'un autre côté, les navires marchands y apportent aussi beaucoup d'espèces, qui restent en partie dans le pays. C'est un courant d'argent perpétuel; la rareté du numéraire ne peut pas durer.

(1) Il se publie trois journaux hebdomadaires à Saint-Denis et deux à Saint-Paul. Ces feuilles contiennent les nouvelles d'Europe et des articles sur les

Maintenant, tous nos documents sont réunis : nous connaissons parfaitement le terrain sur lequel nous avons à opérer, les populations dont il s'agit de régler la destinée. Voyons donc ce que l'on doit faire et ce que l'on peut faire, en tout bien et toute raison, c'est entendu.

Les choses peuvent-elles demeurer dans l'état actuel? Est-il possible de maintenir éternellement la race noire sous le joug de la servitude?

Les Créoles eux-mêmes n'osent guère le prétendre; ils sont obligés, malgré eux, de confesser la nécessité d'une émancipation. Seulement, ils la reculent dans un avenir éloigné, sous prétexte que les noirs ne sont pas encore mûrs pour une liberté complète, sous prétexte d'une préparation indispensable.

On a trop fait déjà pour les noirs, on s'est trop inquiété de leur sort, on a trop ébranlé à leurs yeux le principe de l'esclavage, on leur a trop donné le goût de la liberté, pour pouvoir, sans danger, la leur refuser indéfiniment.

questions d'intérêt local. La censure, confiée aux soins du directeur de l'intérieur, s'exerce d'une manière assez large et assez intelligente.

Il est bien entendu que la plus grande réserve est de rigueur quant à tout ce qui concerne l'esclavage et l'émancipation.

Outre le collège, on compte dans la colonie plusieurs pensionnats particuliers pour les enfants des deux sexes. Ces institutions ne sont guères pires que les nôtres.

En général, les Créoles sont passionnés pour la littérature ; les productions de nos écrivains à la mode trouvent chez les dames de Bourbon des lectrices empressées et d'un goût délicat.

En 1841, on avait ouvert à Saint-Denis des cours publics de belles-lettres et de science, où l'élite de la société se rendait avec une assiduité surprenante. Le départ de quelques-uns des professeurs a mis fin à cet enseignement.

Saint-Denis possède un théâtre, pour lequel on fait venir de France, à grands frais, des artistes généreusement rétribués, et quelquefois d'un mérite véritable. Les représentations sont très-suivies.

Il n'y avait pas de milieu, il fallait ne leur jamais parler de liberté, ou la leur promettre solennellement et la leur donner de bonne foi.

Du jour où la France a dit à l'esclave : « Attendez, souffrez encore pendant quelque temps avec patience et avec calme; je m'occupe de vous; un temps viendra où je pourrai faire davantage, vous donner satisfaction complète; en attendant, voici quelques améliorations qui vous rendront la position tolérable; voici le rachat forcé, la consécration du pécule, et quelques lambeaux de droits civils; » — de ce jour, la France a pris envers les noirs l'obligation tacite, l'engagement moral de les affranchir en masse et prochainement.

Les noirs le savent, et ils en sont forts; ils se résignent, parce qu'ils comptent sur la parole de la France, parce qu'ils préfèrent attendre de sa générosité un bienfait qui ne coûtera ni révolte ni sang, que de conquérir par la violence un changement dans leur situation. Mais s'ils s'apercevaient jamais qu'on les abuse, qu'on les endort par de perfides mensonges, s'ils voyaient toujours reculer devant eux cette liberté tant promise, ma foi! ils finiraient par perdre patience; et alors, qui peut calculer les maux qu'enfanterait leur colère?

Donc, n'y eût-il que ce motif, n'y eût-il que la crainte de voir éclater une révolution qui ferait revivre toutes les horreurs de Saint-Domingue et amènerait les mêmes résultats pour la métropole, il faudrait émanciper les noirs, et les émanciper dans un temps peu éloigné.

Ce n'est pas tout : en laissant les choses comme elles sont aujourd'hui, le nombre des travailleurs fournis par la population esclave ne suffirait bientôt plus à la culture des terres et à l'exploitation des sucreries. On a beau, pour diminuer le travail, le concentrer, fondre les petites usines isolées dans de vastes établissements, il n'en est pas moins certain que l'on manque de bras.

Notez bien que cela empire chaque jour, que cette population noire s'éclaircit à vue d'œil : l'émancipation individuelle la décime; les vieux nègres, les nègres de traite, les seuls et vrais laboureurs, disparaissent par les infirmités et la mort; la nouvelle génération esclave, plus délicate, plus instruite, est peu propre aux travaux des champs, travaux qui lui répugnent d'ailleurs, et cela se comprend : il est dur de rester, du matin au soir, courbé sur la bêche, par une chaleur de 30 à 40 degrés! Puis, on a besoin de ces jeunes hommes pour le service intérieur des maisons, pour les métiers, pour mille petites industries; de sorte qu'en supposant même le maintien indéfini de l'esclavage, il arriverait un jour où, non-seulement la culture ne serait plus possible à Bourbon, en s'en tenant aux noirs, mais encore où l'esclavage lui-même s'éteindrait, faute de sujets.

On devrait penser que, voyant leurs habitations tomber en friche, et leur avenir compromis, les Créoles ont cherché à remédier à ce manque de bras qui se fait depuis quelques années déjà sentir dans la colonie. Il n'y avait pour cela qu'à appeler des travailleurs du dehors, qu'à introduire un certain nombre d'engagés indiens ou africains. Eh bien! le croirait-on? Ils s'y sont constamment opposés, et quand le gouvernement s'est décidé à faire quelque tentative dans ce sens, les Colons ont employé tous les moyens possibles pour la faire échouer (1). C'est qu'ils ne veulent point que le travail libre

______

(1) Quelques Colons, plus éclairés que les autres, ont plus d'une fois présenté au conseil colonial des projets pour l'introduction des engagés; ces pro-

soit mis en présence du travail forcé ; c'est qu'ils comprennent que dès l'instant qu'il sera démontré que la culture de
leurs terres est possible sans l'esclavage, il ne leur restera
plus aucun motif plausible de s'opposer à l'émancipation. Ils
aiment mieux périr avec la servitude que de vivre avec la
liberté.

A toutes les raisons que nous avons déjà alléguées en fa-
veur d'une émancipation prochaine, il faut encore ajouter
celle-ci : l'exemple donné par l'Angleterre a surexcité toutes
les espérances de l'esclave français. Il voit ses frères libres
sur une terre voisine, dans une île dont il n'est séparé que
par un canal de quelques lieues. Ce spectacle lui rend ses
chaînes plus lourdes, et il n'aura bientôt plus la force de les
porter !

Ainsi donc, l'émancipation est, dès à présent, un besoin
urgent, une nécessité matérielle, en même temps qu'une mesure de haute prudence. Plus on attendra, plus on retardera,
plus la chose deviendra difficile ; voilà tout ce qu'on y peut
gagner. Songez que chaque jour la population noire s'éclaire
et s'enflamme d'un plus vif amour pour la liberté ! Songez
que, si vous ne prenez les devants, elle pourrait bien un jour
se passer de votre consentement et s'affranchir elle-même et
contre vous !

Est-il bien vrai, d'ailleurs, que le noir soit, à cette heure,
indigne de la liberté ? Est-il bien vrai qu'il soit aussi stupide,

positions ont toujours été repoussées. — Il faut citer parmi les promoteurs de
ces projets M. Édouard Manès, créole, qui a occupé avec distinction pendant
plusieurs années les fonctions de directeur de l'intérieur.

En 1832, on fit venir à Bourbon quelques centaines de *coolies* ; les habitants,
non-seulement ne leur payèrent pas les salaires convenus, mais encore leur
refusèrent les vivres. — Ces hommes, mourant de faim, s'en retournèrent dans
l'Inde.

aussi ignorant, aussi vicieux, aussi indisciplinable que le prétendent les Colons?

Stupide, il ne l'est point; voyez plutôt ces petits noirs qui, dès leur sixième année à peine, remplissent un emploi dans la maison, mettent la table, brossent vos habits, vous rendent mille services. Voyez encore dans les distributions de prix, au collége royal de l'île, voyez si ce ne sont pas presque toujours des affranchis ou des fils d'affranchis, vrais nègres, fort souvent pour la couleur de la peau, qui obtiennent les plus nombreuses et les plus éclatantes nominations? Car là tous les rangs sont confondus; l'aristocratie du *blanc* s'arrête à la porte de ce temple de la science et de la jeunesse.

Nous avons dit déjà de quelles heureuses dispositions sont doués les noirs créoles pour toutes sortes de métiers manuels, et pour apprendre à lire, écrire et calculer. Notez bien qu'ils sont la plupart du temps leurs propres instituteurs, s'enseignant entre eux, ou s'aidant de quelques mauvais bouquins qu'ils cachent soigneusement aux yeux du maître. Car c'est presque un crime à l'esclave que de chercher à s'instruire, que de cultiver son intelligence!

Si vous parlez des anciens noirs de traite, à la bonne heure! Ceux-ci sont des demi-sauvages, nous vous l'accordons volontiers; mais il n'y a pas lieu de se préoccuper de leur barbarie; ils s'éteignent tous les jours, et bientôt il ne restera plus debout que la génération nouvelle....

Dites-nous si nos paysans de la Bretagne et de quelques départements intérieurs ne sont pas, eux aussi, des demi-sauvages, des espèces de barbares? N'en a-t-on pas moins fait des citoyens français? La France s'en trouve-t-elle plus mal pour cela?

Sur les trente et quelques millions de sujets que compte ce royaume, combien y en a-t-il qui soient aussi éclairés, tranchons le mot, aussi civilisés que les noirs créoles ?

Craindriez-vous que les vieux noirs, une fois la liberté proclamée, ne se montrassent rétifs et turbulents, et ne commissent des brigandages et des atrocités ? L'expérience est là pour démontrer le contraire : la population esclave de Maurice était bien identique à celle de Bourbon ; elle venait des mêmes sources, elle avait marché parallèlement avec celle-ci. Eh bien ! depuis six à sept ans qu'ils sont libres, a-t-on jamais entendu rapporter que ces hommes aient mis le pays à feu et à sang, que le nombre des attentats contre les personnes ou les propriétés ait suivi une progression rapidement croissante ? Mon Dieu ! non ; seulement, ils ont, la plupart, abandonné les travaux des champs, pour se livrer à des occupations moins pénibles et plus lucratives. Voilà tous les crimes qu'ils ont commis.

Du reste, il faut bien peu connaître le caractère des noirs pour les supposer audacieux et malfaisans : leur naturel est même, en général, d'une douceur qui tient de la timidité. Il ne s'est jamais vu, même à Saint-Domingue, qu'un nègre ait osé attaquer un blanc, seul à seul et à armes égales. Le nombre seul fait leur force et leur donne du courage.

Malfaisans, ils ne le sont point non plus : leurs instincts ne sont ni plus pervers ni plus féroces que ceux des blancs.

Le noir, dit-on, est enclin au vol. Qu'en savez-vous ? Parce qu'un malheureux esclave, réduit au plus strict nécessaire, privé de toutes les jouissances de la vie, pressé par la faim, ou honteux de sa nudité, aura fait quelque larcin de *rôt ou de fromage*, ou dérobé quelques méchantes loques, vous proclamez que le vol est la tache originelle de la race africaine !

Remarquez bien qu'on ne vole que chez les mauvais maîtres, chez ceux qui laissent manquer leurs esclaves des cho-

ses les plus indispensables à la vie ; on y vole pour satis-
faire un besoin pressant, rarement dans une idée de lucre.
L'argent est la dernière des choses qui tentent le noir.

Mais entrer de force dans une maison tierce, voler à main
armée, assassiner pour dépouiller la victime, ce sont des
crimes inconnus à l'esclave, et si le bourreau tranche de
loin en loin quelques têtes, soyez sûr que c'est la vengeance,
jamais la cupidité, qui a fait les coupables.

Si, dans l'état d'abjection où il est maintenant plongé ; si,
lorsqu'il n'y a pour lui ni honte à mal faire ni honneur à faire
bien ; si, sans aucune obligation de dignité personnelle, le
noir ne se livre pas à de plus grands désordres, à des actes
plus répréhensibles que ceux qu'on lui voit ordinairement
commettre, que ne faut-il pas espérer de sa bonne nature
lorsque la liberté l'aura régénéré et rendu à des sentiments
plus élevés et plus nobles, en même temps qu'à une existence
plus heureuse et plus considérée ?

Esclave, il n'encourt qu'une peine légère : la loi lui tient
compte de sa misère et de sa dégradation, et la condamna-
tion passe sur lui sans le flétrir. Citoyen, il aura à craindre
un code plus sévère ; il aura son honneur à conserver.

Que les colons cessent aussi de faire sonner si haut l'immoralité des esclaves ! Elle est en partie leur ouvrage, et ils
leur donnent de singuliers exemples de vertu !

Les dames créoles se font vanité d'avoir des servantes élé-
gamment vêtues, et elles ne leur distribuent que d'affreux
sarrauts de toile bleue ! Où donc veulent-elles que ces mal-
heureuses aillent chercher des robes de soie ?

La négresse est-elle à peine nubile, on lui permet de prendre un amant. Qu'elle ait soin, avant tout, de s'arranger
avec un *blanc !* Un esclave ne pourrait lui donner ni riches étoffes, ni bijoux ! — Quand elle sera vieille et flétrie,

alors elle associera sa misère à la misère de quelque noir, qui ne la quittera qu'à son heure dernière.

Devient-elle enceinte, le maître se réjouit; c'est une bonne aubaine qui lui arrive; c'est un ilote de plus promis à la maison. Et si, par un heureux hasard, la couleur de cet enfant trahit sa mystérieuse origine, il en coûtera cher à son père inconnu, pour lui procurer la liberté. Et s'il veut aussi affranchir la mère, on la lui fera payer en raison de la beauté de cette femme et de l'attachement qu'il lui porte.

Ce sont là des infamies qui ne révoltent personne dans le pays et dont on n'a pas même l'air de se douter, parce que l'habitude y a endurci les cœurs; parce que l'abus de l'esclavage y a émoussé le sens moral. Dès l'instant que vous assimilez le noir à une chose, le possesseur peut en disposer à son gré et les plus bizarres spéculations sont permises.

Y a-t-il entre blancs quelque amour adultère, les esclaves en deviennent les intermédiaires obligés. Ce sont eux qui portent les messages; eux qui manipulent toutes les immoralités des maîtres! Contagieux exemples! dangereuses excitations!

Quelquefois il arrive que les rôles finissent par s'intervertir : l'esclave commande et le maître obéit. — Confidente d'une première chute, la négresse, alléchée par le gain, dispose à son tour de son imprudente maîtresse. Quand celle-ci, effrayée de ses propres excès, veut s'arrêter sur la pente du précipice, l'esclave la pousse impitoyablement, la pousse jusqu'à ce qu'elle tombe au fond de l'abîme! Aussi là-bas n'y a-t-il point de milieu, pour une femme du monde, entre l'austérité et la dégradation; un premier faux pas en entraîne cent autres, et le public, bientôt instruit, prononce un irrévocable arrêt! — Heureusement, peu de *blanches* se mettent dans ce cas.

Un fait qui dément la prétendue immoralité des noirs, c'est

que l'inceste, ce crime inconnu dans notre Europe civilisée, mais fait commun dans la colonie, par des causes trop longues à déduire ici, l'inceste est sans exemple parmi eux. Ils poussent même si loin le scrupule à cet égard, que vous ne verrez jamais un esclave prendre à femme sa cousine germaine.

Le noir, même dans sa rudesse primitive, est plein de respect pour ses parents et ses proches; esclave, il s'attache fidèlement à sa compagne, sans y être astreint par le joug du mariage; il aime ses enfants avec une tendresse charmante, et vous le voyez consacrer à leur affranchissement un pécule qui pourrait servir à le racheter lui-même. — « Je suis vieux, vous dit-il, et eux ils sont jeunes; ils auraient à souffrir plus longtemps que moi. Il est plus juste de leur donner la liberté. » Naïf et touchant raisonnement !

Adressez à un noir des reproches injustes, il courbera la tête, il ne vous répliquera rien, il ne vous en gardera même aucun ressentiment. Mais n'allez pas lui dire des injures de son père ou de sa sœur : « Vous insultez ma famille ! » vous répondra-t-il, en vous demandant grâce pour eux. *Sa famille !* lui qui ne s'appartient même pas !

Les noirs, objecte-t-on, répugnent au mariage; nous le comprenons bien ! Lorsque rien ne garantissait à l'esclave que la femme qu'il prenait de la main de l'église demeurerait avec lui plus de vingt-quatre heures; lorsque le lendemain on pouvait la vendre au premier venu et l'envoyer à dix lieues du domicile de son époux, n'y aurait-il pas eu folie au noir de contracter avec elle un lien aussi durable que la vie ? — Mais depuis que la loi a pris quelques dispositions (loi du 17 mai 1845), pour empêcher autant que possible ces séparations violentes, les mariages deviennent plus fréquents parmi les esclaves. Que serait-ce donc s'ils étaient libres ? —

Ce qui prouve invinciblement, au contraire, leur aptitude au sacrement matrimonial, c'est cette fidélité même qu'ils apportent dans des liaisons qui n'ont d'autre fondement que le caprice et le hasard.

Les nègres sont d'ailleurs religieux jusqu'au fanatisme ; si le maître ne s'y oppose, ils courent au sortir du pénible travail de toute une journée, faire leur prière à l'église, quand ils pourraient aller se divertir ou se livrer au sommeil. Nous avons vu de pauvres laboureurs, de simples noirs d'habitations, animés par les exhortations d'un saint homme, véritable apôtre de Dieu et de la liberté, prêtre digne de sa mission, s'enflammer d'un rare zèle et consacrer leurs épargnes et leurs courts moments de repos à l'édification d'une chapelle dans un canton isolé ; chacun se mit à l'œuvre, chacun porta des pierres et prit la truelle ou la hâche, et l'édifice fut bientôt élevé.

Maintenant, dites-nous si les noirs, tels que nous venons de les dépeindre et tels que nous les avons connus en effet, sont indignes de la liberté, comme les Créoles l'affirment avec une componction si convainquante ?

Vraiment, à entendre les Colons, ne serait-on pas tenté de croire que, pour faire partie, comme citoyen, d'une société libre, il faut réunir aux plus hautes lumières de l'intelligence toutes les vertus chrétiennes et morales ? A ce compte, nos états du midi et du centre de l'Europe seraient des pépinières de petits saints !

Il n'en est rien pourtant, spécialement pour la France, où la démoralisation est grande depuis des siècles, comme chacun sait, et où les cinq sixièmes de la population sont encore, à l'heure présente, en partie plongés dans les ténèbres de l'ignorance ! Ce qui n'empêche pas le peuple français d'être le peuple le plus spirituel et le plus civilisé de la terre ; ce qui ne l'empêche pas non plus de former une nationalité compacte et puissante, et assurée d'un long avenir !

Lors donc que les colons déclarent que les noirs ne sont point en état de vivre sous le régime de la liberté, non-seulement ils ne se montrent ni francs ni sincères, mais encore ils avancent une proposition absurde. Mais ne pouvant plus défendre le principe même de l'esclavage, forcés dans leurs premiers retranchements, il a bien fallu qu'ils trouvassent quelque nouveaux prétextes à mettre en avant, et ils ont eu l'adresse de persuader à la métropole qu'avant d'appeler les esclaves à un affranchissement complet, il fallait les y préparer, les moraliser, les instruire ! Et parmi nos législateurs, il n'y en a pas eu un seul assez hardi ou assez perspicace pour découvrir le piège, pour proposer d'en venir au résultat final sans transition aucune, sans état intermédiaire !

Les Anglais se sont chargés de réfuter ces sophismes : les colons de Maurice ont, de leur propre mouvement, demandé que l'apprentissage fût abrégé de deux années, tant ils rencontraient d'inconvénients dans une situation mixte qui établissait une véritable lutte entre les anciens maîtres et les futurs affranchis ! tant ils sentaient le besoin de mettre fin à un état de choses où l'on voyait, d'un côté, le colon intéressé à tirer tout le parti possible du reste de la jouissance qui lui était accordé sur le travail forcé de l'esclave, excéder celui-ci et épuiser ses forces, tandis que de l'autre côté, le noir, sachant qu'il serait bientôt libre, méconnaissait une autorité déjà en décadence et tout près de s'éteindre !

Vouloir moraliser le noir au sein de l'esclavage; vouloir lui inspirer des idées de religion, de vertu, de probité, de dignité personnelle, avant de l'avoir affranchi, c'est tout simplement se repaître de chimères, c'est bâtir sur le sable de misérables et fragiles utopies ! Autant vaudrait essayer d'inculquer à un enfant la prudence et la sagesse d'un homme fait ! N'oubliez pas, d'ailleurs, à quelles effrayantes éventualités vous exposeriez les colonies, si vous continuiez à montrer toujours à l'esclave la liberté en perspective, sans jamais la lui faire toucher ! Qu'arriverait-il, si la chambre des députés prononçait cette sentence : L'abolition est indéfiniment ajournée ?

Moraliser l'esclave au sein de l'esclavage, étrange paradoxe ! L'esclavage porte dans ses flancs trop d'immoralités, il donne lieu à trop d'abus, à trop d'infamies, pour pouvoir jamais devenir un instrument de régénération ! Tant qu'il y aura sous le soleil des hommes qui posséderont d'autres hommes, comme on possède des troupeaux, ceux-là feront immanquablement de ceux-ci les jouets de leurs caprices, de leurs passions, de leur cupidité !

Tout moyen transitoire, toute loi qui ne proclamera pas, dans son premier article, une émancipation entière et immédiate, n'offrira aucune chance de succès et, qui pis est, compromettra l'avenir des colonies !

Voyez un peu, du reste, à quoi ont abouti jusqu'à présent les diverses mesures que la métropole a cru devoir décréter, depuis quelques années, pour entrer dans cette voie de soi-disant *préparation* tant prônée par les Créoles.

On a ordonné aux magistrats de visiter les habitations, de pénétrer dans les *cases* à nègres, pour s'assurer par eux-mêmes de l'état du bien-être matériel des esclaves, et recueillir leurs plaintes et leurs réclamations contre les maîtres. Ces visites ont eu lieu : à Bourbon elles n'ont même rencontré aucune opposition chez ceux contre qui elles étaient dirigées ; presque partout les constatations faites ont été favorables aux habitants. — Merveilleuse découverte, et la belle avance pour les noirs! Comme si le maître n'était pas intéressé à soi-

guer sa chose, à tenir sa propriété en parfaite conservation !
Et, si quelques cruautés criminelles ont été constatées et
poursuivies, qu'en est-il résulté? Le jury colonial, non con-
tent d'acquitter les coupables, leur a fait une ovation publique! Qui ne se rappelle avec indignation les scandales du pro-
cès Mahaudière? Et ce n'est pas seulement aux Antilles qu'un
pareil spectacle est venu révolter tous les cœurs honnêtes !

On a envoyé aux colonies des prêtres chargés de faire des
instructions religieuses aux esclaves, d'enseigner le caté-
chisme aux enfants, de provoquer les mariages et la fré-
quentation des sacrements. Cela serait fort bien, sans aucun
doute, si la prédication des dogmes du christianisme n'équi-
valait, pour le noir, à un appel incessant à la révolte. Comment prêcher le principe de la fraternité à des hommes que
l'on traite comme des brutes; l'égalité à des malheureux que
leurs semblables tiennent chargés de fers ?

Aussi, le prêtre qui arrive à Bourbon n'a-t-il que deux
partis à prendre : faillir aux obligations de son mandat, recevoir le mot d'ordre des Colons, entrer dans leurs idées et
laisser les noirs dans leur abrutissement nécessaire; ou
bien, se préparer à des persécutions continuelles, à la haine
des blancs, à la malveillance publique, et, chose plus éton-
nante ! au blâme des autorités elles-mêmes !

Il faut dire, à la louange du clergé français, que beaucoup d'entre ces prêtres que l'on expédie ainsi aux colonies,
n'hésitent pas entre les devoirs de leur profession et les me-
naces ou les séductions des Créoles, et nous avons entendu
à Saint-Denis, plus d'un sermon qui contenaient de bonnes
vérités sur les abus de l'esclavage (1). Ordinairement cela

(1) Parmi ces prêtres courageux, nous aimons à citer M. Poncelet, préfet

linit, pour l'apôtre, par une déportation en France, motivée sous quelque perfide prétexte.

On le voit : tous les moyens que l'on a pris pour moraliser et instruire les noirs sont demeurés illusoires et inefficaces. Il en sera toujours de même, tant que vous laisserez subsister l'esclavage.

Aussi n'hésitons-nous pas, en notre âme et conscience, à condamner impitoyablement tout terme moyen, toute demi-mesure, tout système qui ne repose pas sur un affranchissement radical et instantané.

C'est pourquoi nous ne prendrons pas la peine d'examiner une à une, pour les combattre, les différentes combinaisons que les Créoles ont imaginées afin d'éluder indéfiniment la liberté promise au noir. — Rachat forcé à l'aide du pécule; rachat partiel et successif par l'état, ou rachat en masse avec substitution aux droits et pouvoirs des propriétaires actuels; tous ces systèmes, et tous ceux que l'on pourra édifier sur des bases analogues, nous paraissent également vicieux et impraticables, parce que tous ils reculent et compliquent le résultat final, le seul possible et auquel il importe d'arriver au plutôt : *l'abolition de l'esclavage.*

Il est bon de savoir aussi à quoi s'en tenir sur ces affranchissements spontanés, dont les colons veulent tirer une nouvelle fin de non recevoir contre toute tentative sérieuse de réforme.

Ce serait tomber dans une grande erreur, se faire une profonde illusion que d'attribuer à la seule générosité des Créo-

---

apostolique à Bourbon, et M. l'abbé Monnet, à qui est due la construction de la chapelle de la rivière *des Pluies*, dont nous avons parlé plus haut.

M. l'abbé Preitcel mérite aussi des éloges pour le zèle qu'il apporte à l'instruction des noirs.

les la presque totalité de ces affranchissements. S'il est vrai que la libéralité des maîtres y entre pour quelque chose ; s'il est vrai qu'on en voit quelques-uns léguer la liberté à de vieux serviteurs, des enfants la donner à leurs nourrices, des blanches en faire la récompense de la fidélité et du dévouement de leurs négresses, il est encore plus vrai que les trois quarts des manumissions ainsi octroyées journellement sont le résultat d'un marché conclu, argent comptant, entre le maître et l'esclave, ou la réalisation de promesses arrachées à la faiblesse humaine, à des attachements illégitimes, quand elles ne signifient pas tout simplement la consécration légale d'un fait déjà ancien.

Parmi les quarante et quelques mille affranchissements prononcés, dans nos Antilles et à Bourbon, depuis 1831, plus de la moitié n'ont été, en réalité, que la régularisation de position d'une foule d'individus, libres de fait depuis longues années, quelquefois même depuis plusieurs générations, mais que les sacrifices onéreux, auparavant attachés par la loi au don de la liberté, avaient empêché les maîtres de rayer officiellement des registres de l'esclavage. Voilà comment le nombre des nouveaux affranchis s'est élevé tout d'un coup à un chiffre si imposant. Maintenant le mouvement s'est ralenti, parce que le principal élément de ces émancipations factices est à peu près épuisé (1).

(1) Avant l'ordonnance du 1er mars 1831, le fisc prélevait une prime de 3,000 francs d'abord, plus tard de 1,200 francs, sur chaque patente d'affranchissement. Le gouvernement local exigeait, en outre, que le maître assurât au noir des moyens d'existence, et déposât, à la caisse des indigents, une somme assez forte, pour le cas où l'affranchi tomberait un jour à la charge publique. Un autre décret royal de 1832 a ordonné la délivrance de titres réguliers à tous les *libres de fait* dont la position n'avait pas encore été légalisée.

Aux libertés délivrées par les particuliers, il faut ajouter désormais celles que le gouvernement effectue chaque année avec les deniers de l'état, en conformité de la loi votée en 1845.

Nous avons déjà dit à quel étrange résultat aboutirait, si l'on n'y portait un prompt remède, l'action combinée de ces affranchissements isolés et de la mortalité chez les noirs.

Il nous reste à savoir quels seront les effets de l'émancipation, telle que nous la comprenons, au triple point de vue de l'intérêt des colons, des affranchis et de la métropole.

Ici, nous n'avons point, Dieu merci! à raisonner sur des hypothèses, sur des conjectures, sur de simples suppositions; l'expérience de Maurice est là pour nous guider, pour nous faire voir clair dans l'avenir; de sorte que, par analogie, nous pouvons prédire au juste ce qui arrivera à Bourbon, quand on aura mis les noirs en liberté.

Or, que s'est-il passé à Maurice dans les premiers moments de l'émancipation? Comment les choses se sont-elles arrangées depuis? Quelle est, à cette heure, la situation de cette colonie?

Tout d'abord que l'apprentissage a été déclaré terminé, les nouveaux affranchis ont, en grande partie, déserté les ateliers, abandonné les habitations et leurs pénibles travaux, pour en essayer de plus profitables dans les villes et les bourgs.

Quoique l'on dût s'attendre à un pareil résultat, on n'avait pas eu la précaution de se pourvoir d'un nombre suffisant d'engagés exotiques; aussi y eût-il suspension momentanée dans la culture des terres et dans le service des sucreries; les cannes pourrissaient sur pied, faute de bras pour les couper et pour les moudre : les usines chômaient; les récol-

tes diminuèrent tout à coup de moitié ou d'un tiers ; le prix
de la journée du laboureur monta à un taux extraordinaire ;
les habitants éprouvèrent des pertes sensibles, et contractè-
rent des dettes considérables. Ce fut une véritable calamité,
une désolation générale, jusqu'à l'arrivée des travailleurs
que l'on s'avisa alors, mais un peu tard, d'envoyer chercher
dans la Chine et dans l'Inde.

Quelques cinquante ou soixante milliers de ces hommes
jetés sur la surface du pays, le mal cessa comme par en-
chantement. Les champs reprirent leur activité accoutumée,
les usines se rouvrirent et donnèrent d'abondants produits ;
et comme le sucre se maintint pendant quelques années à un
prix très-élevé, tandis que d'un autre côté la main-d'œuvre
était tombée au-dessous même de ce que coûtait autrefois la
journée de l'esclave, les bénéfices de quelques récoltes eurent bientôt réparé les pertes passées et éteint toutes les
dettes. Seulement quelques habitants, gens obérés dès avant
l'émancipation, ou qui avaient dévoré en folles dépenses l'or
de l'indemnité, se virent dans la triste nécessité de vendre
leurs terres, pour échapper à une expropriation forcée, ou
parce qu'ils n'avaient plus le numéraire indispensable au
paiement du salaire des nouveaux cultivateurs. Les colons
anglais, en assez petit nombre du reste, qui se trouvèrent
placés dans ce cas, jetèrent les hauts cris, et ne manquèrent
pas d'attribuer à l'affranchissement des noirs une détresse qui
avait certainement une toute autre cause. Leurs cris trouvèrent naturellement de l'écho parmi les colons français, lesquels se hâtèrent de proclamer que l'abolition de l'esclavage
avait complètement et à jamais ruiné Maurice ! Etait-ce bien
la vérité ?

Au contraire, nous pouvons certifier, nous qui l'avons vu
de nos yeux, que jamais cette colonie ne fut plus prospère

ni plus riche que de 1841 à 1844, c'est-à-dire pendant les trois années qui suivirent celle de l'émancipation.

Si depuis un an le prix de la principale denrée du pays a considérablement baissé à Maurice; si, à présent, la colonie commence à décliner et se voit menacée d'une véritable ruine, à qui la faute? à l'émancipation qui a valu aux habitants une grande économie dans les frais de culture, ou bien aux avantages déjà accordés ou promis aux sucres étrangers sur le marché de l'Angleterre?... Inévitable conséquence du système de Robert Peel ! (1).

Il est donc bien prouvé, par des faits certains, incontestables, que l'émancipation, loin d'avoir été nuisible aux intérêts des colons anglais, les a rendus plus heureux et plus riches qu'ils n'avaient jamais pu l'être.

On serait tenté de se demander pourquoi, en présence d'un tel résultat, les colons français persistent invariablement dans leur amour de l'esclavage ? Ce serait là un problème difficile à résoudre, si l'on ne savait combien l'homme est attaché aux traditions de famille, aux préjugés de son enfance. La possession du noir est pour le créole comme une aristocratie féodale; il lui semble qu'en élevant le noir jus-

---

(1) Nous avons cru inutile de nous occuper ici de l'influence que la mise en pratique des principes du Libre-Échange exercerait sur le sort de nos colonies; ce que nous disons de Maurice suffit pour indiquer notre manière de voir à cet égard, et nous avons déjà expliqué notre pensée dans un autre ouvrage (*Question Commerciale*, 1846). — Ce serait aussi, selon nous, faire trop d'honneur à la Ligue Bordelaise que de supposer que la France puisse jamais prendre au sérieux ses utopies; le bon sens public en a fait justice dès à présent.

D'ailleurs, en admettant même qu'un jour la France vienne à ouvrir sans réserve ses colonies à la concurrence étrangère, et les réduise ainsi au triste rôle de simples postes militaires, il ne lui en faudra pas moins résoudre le problème de l'émancipation; sinon, son drapeau ne resterait pas longtemps debout au milieu de populations en révolte.

qu'au niveau du blanc, le blanc descendrait d'un degré dans la hiérarchie des êtres. D'ailleurs, quel n'est pas l'empire de l'habitude sur le cœur humain ?

Voyons maintenant ce que sont devenus les nouveaux affranchis ; quel emploi, quel usage ont-ils faits de cette liberté qui venait de leur être octroyée ?

Les uns, mais ce ne sont pas les plus nombreux, après avoir pris quelques mois de vacances à la ville, reconnaissant leur incapacité pour toute autre profession que celle de cultivateurs, sont retournés, à leurs ateliers, sur les habitations, où ils travaillent confondus avec les engagés étrangers. D'autres, et on en compte beaucoup dans cette catégorie, se sont définitivement établis dans les grands centres de population, pour y exercer divers métiers, différentes industries, ou se louer comme domestique dans les maisons aisées. Le reste, enfin, après avoir amassé quelques économies, ont acheté un petit coin de terre, et là ils cultivent des fruits et des légumes, ils élèvent des bestiaux, des porcs, des volailles qu'ils vont vendre au marché ; ou bien, ils se livrent à la pêche dans des embarcations qui sont leur propriété.

Avant l'émancipation, la vie matérielle était plus chère à Maurice qu'à Bourbon ; depuis c'est tout le contraire ; et cela, grâce à l'abondance de tous les commestibles, abondance entièrement due au genre d'occupations adopté par cette troisième classe d'affranchis. Autre bienfait pour le pays !

Nous n'avons pas besoin de répéter ici que le bon ordre n'en règne pas moins à Maurice, après l'émancipation qu'auparavant, et que les crimes et les délits n'y sont point devenus plus communs qu'ils ne l'étaient jadis.

L'esprit de famille, le goût du mariage se sont répandus avec un rare bonheur parmi ces citoyens de fraîche date. Ils ont trouvé des amitiés et des alliances toutes prêtes dans la population mulâtre, et tout donne lieu de penser qu'avec le temps le préjugé de la couleur finira par disparaître tout-à-fait, et que anciens et nouveaux libres formeront avec les blancs un tout homogène et compacte.

Quant à la métropole, quant au commerce anglais, celui-ci a gagné au nouvel état des choses 70,000 consommateurs de plus, indiens ou chinois; sans compter que les anciens noirs, jouissant dès à présent d'une plus grande aisance, emploient des tissus et cent autres objets manufacturés dont l'usage leur était inconnu ou interdit durant la servitude.

Il y a cependant des imaginations inquiètes qui trouvent mauvais le fait dominant de l'émancipation anglaise : certains utopistes ne peuvent pardonner aux affranchis d'avoir abandonné les travaux agricoles. Eh ! que vous importe, si vous avez à votre disposition de nouveaux travailleurs ? Serait-ce donc une véritable liberté que vous auriez accordée aux nègres, si, après, les avoir affranchis, vous prétendiez les astreindre à la glèbe, les obliger à la culture de la canne ? (1).

Les affranchis, objecte-t-on encore, se livrent à la paresse, parce qu'il leur suffit de peu pour vivre, et que ce peu ils le gagnent facilement. Plaisant raisonnement ! Faut-il

(1) Nous ne comprenons pas comment M. V. Schœlcher, qui consacre, avec tant de dévouement, à la cause de l'émancipation, un des plus solides talents de la presse contemporaine, veut obliger les noirs au travail de la terre, après les avoir affranchis. — Ce serait là interpréter singulièrement le principe de la liberté !

A cette tache près, et sauf le projet de législation coloniale par lequel il couronne son œuvre, l'ouvrage que M. Schœlcher a publié sur les *Colonies Françaises* nous paraît excellent. Il est plein d'observations vraies et profondes, de sages raisonnements, d'aperçus ingénieux. Nous y renvoyons ceux de nos lecteurs qui désirent avoir des notions plus complètes, des détails mieux circonstanciés sur la question coloniale.

donc regarder comme un malheur que l'homme puisse subsister, sans s'exténuer de fatigue?

L'émancipation aura, à Bourbon, identiquement les mêmes effets qu'à Maurice, et pour la colonie elle-même, et
pour les noirs, et pour la mère-patrie; seulement, comme
on s'y prendra à l'avance pour avoir sous la main des engagés étrangers en nombre suffisant au moment même où l'on
proclamera la liberté des esclaves, on évitera la crise passa-
gère par laquelle Maurice a passé, faute d'avoir eu assez de
prévoyance; et il ne dépendra que de notre sagesse de nous
garantir de l'avilissement du prix des sucres, seul véritable
fléau des colons!

Hâtez-vous donc! l'heure presse; le moment est oportun,
profitez, pour affranchir vos esclaves, de l'ère de prospérité
réelle dont jouissent aujourd'hui vos colons, ceux de Bourbon surtout. Faites un généreux sacrifice pour les indem-
niser de la perte d'une propriété odieuse! Allez! l'or de la
France ne saurait être plus noblement dépensé (3)!

(3) Nous voulons qu'on indemnise, et largement, les propriétaires des esclaves. Sans doute, il serait plus commode, comme quelques députés n'ont pas
craint de le proposer (session de 1847), de n'allouer aucune indemnité; mais
agir ainsi, ne serait-ce pas compromettre le succès même de la mesure? Avec
quoi les Colons paieraient-ils les travailleurs libres? Ne serait-ce pas là décréter la misère et des *blancs* et des *noirs*?

Il faut une indemnité *réelle, payée complant en bonnes espèces ou valeurs;*
ce n'en serait pas une qu'une prolongation de jouissance, car les Colons se
trouveraient toujours, au moment de l'émancipation, dans la même impuis-
sance de subvenir aux salaires des affranchis et engagés.

Sans doute, cette indemnité est une lourde charge à imposer à la métropole.
Lorsque, à chaque session, outre le budget régulièrement voté, lequel n'est
pas mince, tant s'en faut, nos députés sont encore obligés de sanctionner des
crédits supplémentaires et extraordinaires qui ne vont pas à moins de cent
millions (en 1847); lorsque la dette publique grandit, depuis seize ans, avec
une rapidité affligeante, sans doute le gouvernement doit éprouver quelque

Émancipez les noirs, au nom des intérêts de la France, au nom du salut et de l'avenir des colonies ! et vous accomplirez une œuvre de prudence et de patriotisme !

Et pour compléter cette œuvre, faites entrer les colonies dans la grande unité nationale ! Effacez-y jusqu'aux dernières traces de l'arbitraire et du despotisme ! Renoncez au système des ordonnances et des lois d'exceptions ; organisez sur un nouveau mode la justice coloniale, et ne lui laissez d'autres guides que nos codes ! Faites participer aussi les populations d'outre-mer à tous les bienfaits de notre régime politique, à tous les droits du citoyen français ! Donnez leur une place dans la chambre élective ; rendez-leur la liberté de la presse ; et envoyez enfin, pour les gouverner, non plus des hommes de guerre, des officiers militaires, comme dans un pays conquis ou dans une place assiégée, mais des administrateurs civils, comme dans nos départements ! Et alors la métropole pourra s'enorgueillir de ses colonies ! Et nous nous réjouirons, pour notre part, d'avoir peut-être contribué à un si noble résultat !

Nota. Au moment de terminer cet opuscule, nous avons lu, dans la *Revue Nouvelle* (numéros de mai 1847), quelques articles

embarras à demander au pays un nouveau sacrifice, et des plus considérables. Cependant, il n'y a pas de milieu : il faut de l'argent pour émanciper les noirs ou bien il faut abandonner nos colonies. Or, cette dernière hypothèse est-elle admissible ?

Puisse donc au plutôt quelqu'un de nos hommes d'état se pénétrer des besoins de la situation, et provoquer de la part de la France un acte de générosité auquel elle ne se refusera point, sans aucun doute, et qui, du reste, ne sera pas sans récompense pour elle dans l'avenir.

sur Bourbon, qui nous ont paru écrits dans un singulier esprit de dénigrement et d'erreur.

Nous ne savons sur quels renseignements M. le docteur Yvan a pu baser les étranges assertions que contient son ouvrage.

S'il raconte ce qu'il a vu, il a mal vu, nous ne craignons pas de le lui dire ; d'ailleurs, il n'a guère eu le temps de voir.

Lorsque, en 1844, l'escadrille qui portait en Chine M. de Lagrénée et sa suite, fit escale à Bourbon, M. Yvan, qui était attaché à cette ambassade, passa environ deux semaines dans la colonie. — Qu'on juge par là de la valeur de ses observations !

Si M. Yvan ne parle que par ouï-dire, d'après les conversations particulières qu'il a pu se procurer là-bas, il faut avouer que ses interlocuteurs ont abusé outre mesure de sa crédulité, et ont cherché bien plutôt à faire du spirituel écrivain l'écho de leurs malicieuses critiques et de leurs petites rancunes personnelles, qu'à le mettre au courant de la vérité ! — Le procédé était peu généreux de leur part.

M. Yvan maltraite impitoyablement les Colons ; le beau sexe lui-même ne trouve pas grâce à ses yeux : c'est, d'un bout à l'autre de ses articles, un feu roulant d'épigrammes et de sarcasmes amers. — Que lui ont donc fait ces pauvres habitants de Bourbon, qu'il se montre si irrité contre eux ? Sous quel malheureux jour a-t-il donc connu les dames créoles, qu'il les déclare si dépourvues d'élégance et d'esprit, si folles, si incapables de tout noble sentiment, de toute passion qui ne soit pas un instinct de brute ?

Serait-ce tout simplement, par hasard, que M. Yvan n'est qu'un ingrat à l'égard des Colons ? — Ce ne serait pas le premier, en tout cas, dont l'hospitalité créole aurait eu à se plaindre !

Cela devrait servir de leçon aux habitants de la colonie, et leur apprendre à ne point ainsi courir après le premier arrivant

qui porte un uniforme, à ne pas tant fêter ces visiteurs noma-
des qui se réservent de les calomnier plus tard.

Pour résumer, disons que M. Yvan a fait le roman de la société coloniale ; nous croyons, nous, en avoir écrit l'histoire.
— Que les Créoles lisent l'ouvrage de M. Yvan et le nôtre, et
qu'ils prononcent entre nous deux !

APPENDICE.

Nossi-Bé, Mayotte, Mascate.

A plusieurs reprises, il a été question, à la tribune et dans la presse, de certaines îles récemment occupées par la France, au nord-est du canal de Mozambique. — Nos lecteurs seront peut-être bien aises de savoir ce qu'il faut penser au juste de ces nouvelles possessions.

Vers 1840, quelques tribus noires, du nom de Saclaves, qui étaient, depuis des siècles, établies sur la côte de Madagascar, à la hauteur des Comores, chassées par les Ovas, derniers et heureux conquérants du sol madécasse, vinrent, au nombre de dix-huit à vingt mille, hommes, femmes et enfants, chercher un refuge dans quelques îlots inhabités, séparés de l'île principale par un étroit bras de mer, et dont les plus importants sont Nossi-Bé et Nossi-Mitzou (1).

Au moment de cette émigration, il se trouvait, comme

(1) Dans un précédent ouvrage (intitulé *Madagascar*, publié à Bordeaux, en 1845), nous avons donné des détails complets sur l'état actuel des populations Malgaches et de l'empire Ova.

toujours, dans ces parages, quelques corvettes de la station de Bourbon, chargées de protéger les nationaux répandus sur la côte et les baleiniers qui fréquentent le canal. Craignant avec raison d'être poursuivis jusque dans leur dernier asile par un ennemi supérieur en force, les fugitifs eurent l'idée de se placer sous la protection du pavillon français. La proposition, faite à nos commandants et transmise par eux au gouverneur de Bourbon, fut agréée, et bientôt quelques compagnies d'infanterie et un détachement d'artilleurs plantèrent leur camp à Nossi-Bé.

Sur la foi des rapports que lui avaient faits les commandants des navires de guerre, rapports que se plurent à confirmer les chefs de garnisons, le gouverneur, M. de Heel, homme prudent et peu facile à entraîner, crut, en conscience, avoir fait là deux superbes cadeaux à la France. Ce n'était pas, en effet, une affaire de peu d'importance que d'avoir pu, ainsi qu'il l'avait eu en vue, procurer à nos marins deux bonnes escales dans une mer où ils manquaient auparavant d'un point de ravitaillement assuré. — La chose fut présentée en ce sens au roi et aux ministres, lesquels naturellement s'empressèrent d'approuver le tout.

De leur côté, les colons de Bourbon, persuadés que la France avait la pensée de s'emparer de Madagascar, se réjouirent de la prise de possession de ces îles, la regardant comme un commencement d'exécution. Ce fut chez eux, pendant quelques mois, un véritable enthousiasme; ce fut un concert d'éloges; ce fut un débordement d'espérances. Chacun voulait aller coloniser Nossi-Bé; chacun s'inscrivait pour y avoir des concessions. Des plans furent dressés; un emplacement fut marqué pour l'élévation d'une ville, qui, par reconnaissance, devait porter le nom du gouverneur à qui ces brillantes conquêtes étaient dues.

Bientôt cependant les illusions des Bourbonnais commencèrent à se dissiper : on vit revenir, décimés par la fièvre et exténués par les privations de tous genres, les quelques soldats qu'on avait envoyés là-bas. Ces malheureux, portant sur leurs visages pâles et amaigris, la preuve vivante de la vérité de leurs récits, racontèrent que cette île tant vantée n'était, en réalité, qu'un îlot brûlant, incapable de nourrir la trop nombreuse population qui le couvre, sans cesse dévasté par les rats, et soumis à certaines influences morbifiques, auxquelles l'européen ne saurait échapper.

En fallait-il davantage pour motiver l'abandon immédiat de cette possession funeste?

Malheureusement, il règne dans le corps de la marine française un esprit d'entêtement et d'orgueil qui ne permet jamais à ces messieurs de confesser leurs fautes. Quand une fois ils ont mis la main à l'œuvre, ils n'en démordent point, dussent-ils périr à la peine! — Ajoutez à cela qu'ils sont grands partisans des colonisations nouvelles; il n'y a pas si misérable rocher où ils ne se sentent tentés de planter leur drapeau, au risque de mettre la France aux prises avec toute l'Europe (1). Les mêmes tendances, les mêmes tentations dirigent aussi les officiers des régiments destinés à tenir garnison dans nos colonies. Les uns et les autres voient partout des grades et des décorations à gagner, des gouvernements à créer pour eux et leurs amis. — Voilà comment il se fit qu'au lieu d'abandonner sur-le-champ Nossi-Bé, après une expérience si malheureuse, on voulut persister, s'y maintenir en dépit de la nature et du bon sens.

(1) Faut-il rappeler ce qui s'est passé à Taïti? Et quant aux Marquises, à qui sommes-nous redevables de cette onéreuse conquête?

Sur ces entrefaites, M. de Heel s'en retourna en France, laissant à son successeur, M. Bazoche, le soin de décider du sort de l'entreprise.

. C'eût été une trop grande douleur pour les Colons de Bourbon, dans leurs idées de colonisation de Madagascar, de voir retirer nos troupes de deux points qu'ils considéraient, attendu leur proximité de cette grande terre, comme pouvant servir de pivots à des opérations plus sérieuses. Si bien que, d'accord avec quelques officiers supérieurs qui n'entendaient point laisser s'évanouir les petites vice-royautés qu'ils avaient en perspective, et merveilleusement secondés d'ailleurs par quelques hauts fonctionnaires créoles dont les paroles étaient comme autant d'oracles pour un gouverneur nouvellement arrivé et encore peu au courant de l'affaire, ils vinrent à bout de persuader à M. Bazoche de conserver Nossi-Bé à la France, quoiqu'il en dût coûter.

On s'était bien gardé, il n'est pas besoin de le dire, de faire connaître à la métropole la véritable situation des choses, certain qu'on était qu'elle y mettrait bon ordre, en ordonnant d'évacuer Nossi-Bé, si jamais elle savait jusqu'à quel point les premiers rapports étaient faux, quelles tristes ressources offrait ce coin de terre, et combien de ses enfants y perdaient inutilement la vie. On résolut donc de continuer le même système de dissimulation, pour amener la France, bon gré mal gré, à s'engager plus avant sur le territoire Malgache.

Toutefois on prit quelques mesures pour diminuer la mortalité parmi nos soldats; on construisit à Saint-Denis des casernes en bois portatives, afin de leur procurer un abri sur ce sol desséché, où l'on trouvait à peine de la paille pour élever une cabane; on fit des envois considérables de vivres et de médicaments; on ordonna que chaque soir l'état-major et

la moitié des hommes vinssent coucher à bord des corvettes,
mouillées au large; on eut soin de renouveler fréquemment
la garnison; en un mot, on chercha tous les moyens possibles de pallier les inconvénients et les dangers de ce séjour
empoisonné.

Cependant la fièvre n'en exerçait pas moins ses ravages;
chaque jour, des soldats, des matelots mêmes mouraient
cruellement. Que fit-on? Dès qu'un homme tombait malade,
on l'embarquait, on le rapportait à Saint-Denis, on l'y dépo-
sait à l'hôpital. C'était un pitoyable spectacle, à l'arrivée de
chaque navire qui venait de Nossi-Bé, de voir cette longue
procession de litières, où des infortunés gisaient agonisants!
Ils expiraient le lendemain, et leur décès était constaté sur
les états de la garnison de Bourbon. De sorte que, grâce à
cette fiction révoltante, il arriva, chose incroyable! que
la mortalité devint, tout à coup, proportionnellement plus
grande parmi les troupes cantonnées dans cette colonie, si
justement renommée pour la salubrité de son climat, qu'elle
ne l'était sur la côte de Madagascar! Et nos ministres, qui
n'avaient pas le mot de cette indigne supercherie, purent de
bonne foi affirmer à la Chambre alarmée que l'occupation de
Nossi-Bé ne présentait aucun danger pour la santé de nos
soldats!

On sait que Mayotte nous a été vendue, pour une faible
redevance, par le sultan d'Anjouan, qui la comptait parmi
ses domaines, avec les autres Comores.

Mayotte est bien moins insalubre que Nossi-Bé; les ressources du sol y sont aussi moins bornées. Les Arabes que
nous y avons trouvés établis, s'adonnent avec succès à la cul-

turc du riz, favorisée par quelques courants d'eau qui pro-
viennent du centre montagneux de l'île. — Ils avaient bâti
quelques bourgades, où nous avons pris gîte.

Telle est l'exacte vérité sur Mayotte et Nossi–Bé, et l'on
voit que la France n'a guère à se féliciter de ces deux acqui-
sitions.

Que convient-il d'en faire? Faut-il les garder ou les abandonner?

Evidemment nous n'avons que faire de Nossi-Bé; cette île
stérile, habitée par de misérables peuplades, ne nous offrira
jamais la matière d'un commerce de quelque importance.
Comme poste militaire, elle nous est absolument inutile, puisque nous n'avons nullement le projet de mettre le pied sur le
continent Madécasse. D'ailleurs, comment, dans l'hypothèse d'une conquête, comment concentrer une armée sur
un sol qui dévore nos soldats? Enfin, si on la considère
comme point de ravitaillement pour nos vaisseaux marchands, elle manque de toutes les conditions requises; elle
n'a point de port, mais seulement une rade d'un médiocre
mouillage; elle n'a point de forêts, d'où l'on puisse extraire
des bois pour les mâtures et les réparations; les vivres y sont
fort rares, pour ne pas dire nuls; et, du reste, est–il possible de laisser reposer les équipages dans une pareille atmos-
phère?

Il n'y a donc qu'un seul parti à prendre, et il importe de
le prendre au plus vite : c'est d'évacuer Nossi-Bé.

Dieu merci! on en parle déjà, et il faut espérer que mieux
instruit de jour en jour de ce qui se passe dans cette île,
le gouvernement formulera bientôt ses ordres.

Plût au ciel que nous eussions le courage de prendre aussi
une sage résolution à l'égard de Sainte-Marie, autre îlot pes-
tiféré et de nulle ressource, où nous nous obstinons à tenir

garnison , sous le spécieux prétexte d'avoir un pied-à-terre à la côte est de Madagascar !

Quant à Mayotte, que la France la conserve, même au prix de quelques sacrifices ; qu'elle la conserve, parce que cette île a d'excellents ports , où nos bâtiments de commerce et de guerre peuvent trouver un refuge et venir se réparer (1) ; parce que l'industrie européenne parviendra certainement à en assainir le séjour ; parce que, enfin, lorsque l'émancipation des esclaves s'accomplira à Bourbon , Mayotte sera pour nous le grand marché où tous ces petits chefs Cafres ou Arabes qui dominent sur le littoral ouest et dans les nombreuses îles de la mer Mozambique, viendront nous emmener des engagés , infiniment préférables sous tous les rapports à ceux que nous pourrions tirer de l'Inde.

A ce dernier point de vue, nous trouvons fort profitable à la France le traité dernièrement conclu avec l'iman de Mascate, traité qui ouvre d'ailleurs quelques voies nouvelles à notre commerce maritime.

Ce prince, plus grand souverain qu'on ne le pense de ce côté-ci de l'Océan , et dont les vastes possessions s'étendent inégalement de la mer Rouge jusqu'à la côte de Zanzibar, paraît être sincèrement épris de notre civilisation et tout dévoué à nos intérêts. Si nous savons nous ménager sa bienveillance, nous aurons, quand le moment en sera venu, la faculté de puiser, dans ses états d'Afrique, des travailleurs libres, qui vaudront, corps pour corps, les plus robustes cultivateurs esclaves.

---

(1) Par malheur, Mayotte ne fournit point de bois propres à la marine ; il faudra toujours les y expédier d'Europe.

FAUT-IL DES COLONIES ?

Il existe en France deux opinions diamétralement opposées au sujet des colonies :

D'une part, on demande que la France abandonne définitivement toutes ses possessions d'outre-mer, y compris l'Algérie;

D'autre part, on voudrait qu'à l'exemple de l'Angleterre, la France semât sans cesse de nouvelles colonies sur toute la surface du globe.

Laquelle de ces deux manières de voir est la plus juste, la plus rationnelle?

Ne serait-ce pas plutôt que des deux côtés on tombe également dans l'absurde, pour vouloir être trop absolu, trop exclusif? — Voyons un peu!

A ceux qui réclament l'abandon en masse de toutes nos colonies, nous répondrons :

Si, à l'heure présente, la France possède encore une marine marchande; si, malgré l'incurie des divers gouvernements qui ont passé sur elle depuis cinquante ans, malgré le vice de ses lois et de ses règlements maritimes, elle trouve encore dans ses ports assez de matelots pour équiper des flottes imposantes, qui oserait nier que c'est à la conservation de quelques-unes de ses anciennes colonies qu'elle en doit rendre grâces?

Après les cruelles spoliations de 1814 et de 1815, la France est encore une puissance de premier ordre : que serait-elle donc si elle régnait sur les mers?

Certains économistes ont calculé que, tout compte fait,

nos colonies coûtent plus à la métropole qu'elles ne lui rapportent ; ils auraient dû, dans leur arithmétique, évaluer en somme ronde l'empire de l'Océan !

De quel poids la France ne pesa-t-elle pas dans la balance de l'Europe aux époques trop courtes, hélas ! où de grandes et florissantes possessions maritimes décuplaient son importance continentale ?

Il faut des colonies à une nation telle que la France ; il lui en faut, non-seulement pour lui procurer au loin des relations commerciales, pour ouvrir des débouchés à son industrie, pour ménager à ses escadres, en cas d'hostilités, des abris sûrs et des points de ravitaillement ; mais encore lorsque les douceurs d'une constante paix énervent notre population et multiplient rapidement les hommes sur toutes les parties de notre territoire ; lorsque le travail individuel est en proie chez nous à une concurrence effrénée, véritable guerre civile ; lorsque les âmes les plus hardies et les plus énergiques, emprisonnées dans un espace trop étroit, sont condamnées à se consumer sans profit et sans gloire ou à faire de leurs facultés un usage funeste ; lorsqu'un effroyable accroissement de misère dans nos villes et nos campagnes résulte d'une trop longue stagnation, il est sage de conserver de vastes canaux ouverts à l'écoulement de tous les excédants de l'activité nationale.

Voilà pourquoi nous croyons que la France doit conserver des colonies ; ce qui ne veut point dire qu'elle doive s'épuiser en vaines tentatives de colonisation, ni qu'elle ait eu raison de s'implanter à Nossi-Bé, aux Marquises, à Taïti. Mais de ce qu'elle s'est fourvoyée là et là, il ne suit nullement pour elle l'obligation d'abandonner des possessions solidement établies et en plein cours de prospérité, comme Bourbon, Cayenne, les Antilles, le Sénégal, et cette Algérie, qui est comme une seconde France sur l'autre bord de la Méditerranée! — Il faut tout simplement nous retirer des points où nous n'avons rien de bon à attendre, et nous maintenir fermement partout où l'intérêt de la patrie l'exige.

Et à ceux qui travaillent sans repos à pousser la France vers des entreprises nouvelles, nous dirons :

N'oubliez pas que la France n'a pas le génie colonisateur.

N'oubliez pas que, si la grandeur de l'Angleterre repose sur la domination des mers, celle de la France a son plus solide appui sur le continent.

La France a réuni dans sa main, pendant quelques années, la puissance maritime et la puissance continentale : la première lui a échappé; la seconde lui est restée et lui restera toujours.

Cessez donc de l'exciter à des expériences qui seraient en dehors de sa destinée, et qu'elle ne pourrait tenter qu'au détriment de ses plus précieux et véritables intérêts!

Enfin, songez qu'elle a mieux à faire que de civiliser des sauvages! Songez que sa mission ici-bas est de faire triompher la raison et le bon droit chez tous les peuples de l'Europe, et que, pour accomplir cette œuvre noble et sainte, elle doit tenir en réserve ses armées et ses flottes!

Et c'est là précisément ce qui nous fait amèrement regretter l'or et le sang qu'elle verse sans fruit sur des plages dévorantes!

FIN

Bordeaux, imprimerie de JUSTIN DUPUY et Cie, rue Montméjan, 7.